En souvenir d'une
élève interessée et
interessante

D0287268

COLLECTION POÉSIE

GUILLAUME APOLLINAIRE

Calligrammes

*Poèmes de la paix
et de la guerre*
(1913-1916)

PRÉFACE DE
MICHEL BUTOR

GALLIMARD

© *Éditions Gallimard, 1925.*
© *Éditions Gallimard. 1966. pour la préface.*

Préface

Dans une lettre adressée à André Billy pour le remercier d'un compte rendu, Apollinaire déclarait :

« Quant aux *Calligrammes,* ils sont une idéalisation de la poésie vers-libriste et une précision typographique à l'époque où la typographie termine brillamment sa carrière, à l'aurore des moyens nouveaux de reproduction que sont le cinéma et le phonographe. »

Certes la carrière de la typographie, en donnant à ce mot son acception la plus large et en y intégrant tous les perfectionnements récents qu'Apollinaire ne connaissait pas : linotype, lumitype, etc., est bien loin d'être terminée, pourtant, près de cinquante ans plus tard (quand on lit ces textes si frais, on a peine à croire qu'ils ont été composés il y a déjà si longtemps), sa vision nous apparaît comme prophétique. Apollinaire a été un des premiers à comprendre poétiquement qu'une révolution culturelle était impliquée dans l'apparition de nouveaux moyens de reproduction et de transmission, que le phonographe, le téléphone, la radio et le cinéma (sans parler de la télévision et de l'enregistrement magnétique), moyens de conserver et diffuser le langage ou l'histoire sans passer par l'intermédiaire de l'écriture, obligeait à poser sur celle-ci un regard nouveau, et en particulier à interroger d'une façon toute nouvelle cet objet fondamental de notre civilisation qu'est le livre.

Nous savons bien que lire, c'est d'abord regarder, mais l'excessive rapidité de lecture à laquelle nous sommes contraints (qu'on pense au kilométrage de lignes que parcourt un courriériste littéraire) nous amène à traverser immédiatement cet aspect visuel pour ne nous intéresser qu'au sens, du moins qu'à l'infime partie du sens que nous parvenons à saisir dans notre hâte d'arriver au bout afin de pouvoir dire « j'ai lu » et de prononcer notre jugement. L'importance énorme qu'a prise l'illustration dans ces dernières années nous oblige naturellement à arrêter quelque peu notre regard sur la page, mais il faut bien dire que les relations entre l'image et le texte sont en général commandées par l'empirisme le plus grossier, au point que certains grands journaux se contentent tout simplement de laisser envahir leurs feuilles par des panneaux publicitaires qu'ils ne daignent même pas contrôler.

L'écriture est une image et le problème de ses rapports avec les autres types d'images est aussi ancien qu'elle-même, mais avec le développement de l'imprimerie, l'énorme multiplication de l'image écrite a provoqué une véritable occultation de la conscience occidentale à cet égard. Seuls certains des esprits les plus profonds, les plus déliés, les plus avertis, Rabelais, Rousseau, Sterne, Nodier, Balzac, Hugo, Lewis Carroll, Mallarmé, pour n'en citer que quelques-uns, ont réussi à délivrer leur regard de ce nuage.

L'intérêt que, dès sa jeunesse, Apollinaire avait marqué pour les caractères cunéiformes et chinois, la sensibilité qu'il avait pour les vieux beaux livres du Moyen Age ou de la Renaissance, lui ont permis de sentir d'emblée ce qu'il y avait de décisif dans l'introduction flagrante de lettres et de mots dans leurs tableaux par les cubistes, et à l'interpréter dans le contexte de cette révolution culturelle en train de s'esquisser.

Le recueil projeté d'idéogrammes lyriques mis en souscription en 1914 et qui devait comprendre tous les calligrammes

*figuratifs de la première section de notre recueil « Ondes »
(terme que la « Lettre-Océan » nous oblige à interpréter
comme désignant avant tout les ondes de la radio), était, comme
en témoigne son titre « Et moi aussi je suis peintre », une
réponse poétique à la prise de possession de la lettre et du
mot par la peinture cubiste, mais dès le « Bestiaire ou Cortège
d'Orphée » de 1911 on voit posé de la façon la plus franche le
problème du rapport entre le poème, son illustration et la page.*

*La suppression de la ponctuation dans « Alcools », outre
qu'elle a l'avantage de laisser communiquer des mots qu'une
analyse grammaticale ultérieure pourra assigner à des phrases
différentes, et par conséquent de rendre plus sensibles leurs
relations locales, leur proximité sur la page devenant plus
importante pour l'intonation que la façon dont apparaissent
rétrospectivement leurs relations logiques, de laisser aux mots
une polyvalence comparable à celle qu'ils pourraient avoir
dans une peinture, soulignant par là même leur caractère
visuel, a la propriété de simplifier considérablement l'aspect
du texte.*

*Il suffit de taper à la machine un des poèmes d' « Alcools »
tel qu'il est puis une seconde fois avec une ponctuation conforme
à la grammaire et de comparer les deux « épreuves » pour voir
à quel point la première est plus carrée, et, si le poème est en
strophes régulières, à quel point celles-ci se détachent mieux
sur le fond.*

*A cet égard, on ne saurait trop déplorer les nombreuses
infidélités typographiques défigurant les pages d' « Alcools »
même dans les « œuvres poétiques » de la Bibliothèque de la
Pléiade.*

*Avec cette suppression, Apollinaire obtient une nouvelle
« couleur » typographique et nous oblige à une lecture différente,
détachant chaque vers. Le fait, en particulier, que nous ne
soyons pas prévenus par un point de la fin de la phrase nous*

amène à laisser celle-ci en suspens, alors que, dans une lecture normale, nous baisserions automatiquement la voix. Chacune de ces lignes, au lieu de subir la modulation de la phrase française, va se présenter à plat, telle qu'elle est imprimée ; les poèmes seront formés de facettes planes qui vont s'agencer selon différents angles de par leur « sens ». On voit à quel point cette décision est déjà reliée au cubisme.

Alors que la rime romantique souligne la fin du vers, l'absence de ponctuation et le mélange de vers rimés et non rimés va attirer l'attention sur leur début et leur alignement. Le décalage de marge utilisé dans la typographie classique pour donner une figure grossièrement symétrique aux strophes composées de différents mètres (par exemple « Le Pont Mirabeau » dans Alcools ou « Les Saisons » dans « Calligrammes) va prendre une valeur nouvelle. L'utilisation du verset, débordant sa ligne, la seconde venant en retrait, fait que tout décalage semble impliquer un éloignement, une mise en perspective.

Si nous en venons plus précisément à Calligrammes, ce qui nous frappera d'abord, par rapport au recueil précédent, c'est la division du volume en six sections de longueur à peu près égale, avec leurs pages de sous-titre qui lui donnent une respiration, un rythme, selon une ordonnance généralement chronologique, chacune ayant sa couleur particulière, mais étant liée étroitement aux autres par la reprise de thèmes et de formes similaires. Ce sont les six faces d'un cube, la première tournée vers l'avant-guerre, la dernière vers la victoire.

En dehors du décalage « symétrique » classique, et de celui inévitable du verset, sans capitale initiale, on ne pouvait trouver dans Alcools que deux poèmes où apparaissait le décalage « expressif » (il s'agit du « Voyageur » et du « Brasier »). Cette technique est ici poussée beaucoup plus loin, mais ce qui est particulièrement intéressant, c'est d'observer le soin avec lequel Apollinaire ménage des transitions entre un genre poétique et un autre. Voyez « L'Espionne », par exemple, formé de trois strophes de quatre vers de huit syllabes, mais la deuxième est disposée ainsi :

> Tu te déguises
> > A ta guise
> Mémoire espionne du cœur
> Tu ne retrouves plus l'exquise
> Ruse et le cœur seul est vainqueur

Ici la coupure du premier vers est évidemment due au désir de mettre en évidence la rime interne et d'atténuer autant que possible une syllabe muette déplaisante.

« Fête » est constitué de cinq strophes de quatre vers, la cinquième bouclant la forme en ajoutant un cinquième vers ; la deuxième est disposée ainsi :

> Deux fusants
> Rose éclatement
> Comme deux seins que l'on dégrafe
> Tendent leurs bouts insolemment
> IL SUT AIMER
> > quelle épitaphe

Comme dans « L'Espionne » le premier vers est cassé en deux pour souligner une rime interne, mais la séparation des hémistiches est bien plus forte du fait qu'ils sont alignés.

Dans d'autres strophes du même poème, certains vers sont légèrement décalés par rapport aux autres ; ils viennent en retrait ; ils doivent être dits un peu plus bas, mais surtout un peu plus vite. Comme dans la typographie classique des strophes de mètres inégaux, les plus brefs sont décalés pour respecter vaguement une idéale symétrie ; ici les vers décalés, *tout en ayant le même nombre de syllabes, ont en fait une longueur moindre :*

> Feu d'artifice en acier
> Qu'il est charmant cet éclairage
> Artifice d'artificier
> Mêler quelque grâce au courage

> Un poète dans la forêt
> Regarde avec indifférence
> Son revolver au cran d'arrêt
> Des roses mourir d'espérance

> L'air est plein d'un terrible alcool
> Filtré des étoiles mi-closes
> Les obus caressent le mol
> Parfum nocturne où tu reposes
> Mortification des roses

Les vers en retrait, plus bas, plus rapides, sont comme entre parenthèses.

Dans ce poème, nous avons naturellement remarqué l'épitaphe inscrite en grandes capitales. Les seuls changements de caractères que nous puissions trouver dans Alcools *en dehors des titres et dédicaces ou épigraphes sont le passage du romain à l'italique. Il y en a trois exemples:* « La Chanson du Mal-Aimé », « La Synagogue » *et* « Les Femmes », *lesquels montrent que la distinction entre l'italique plus coulante, plus orientée, et le romain plus carré, plus stable, équivaut à celle entre le parlé et l'écrit. Les passages en capitales seront plus écrits que les autres, ils seront inscrits véritablement, plus forts, plus voyants, plus durables, plus gravés ou plus peints; ils se soumettront le reste du poème comme les titres composés de la même façon. L'encadrement de l'inscription,* comme dans « du Coton dans les Oreilles » la détachera encore plus, elle deviendra sa propre illustration.

L'utilisation de corps plus grands ou plus petits notera avant tout des variations dans l'intensité de la diction ou dans l'éclairage de l'inscription. A partir d'un certain degré de violence, le cri est perçu comme inscription, le mot éclate dans la tête en lettres de feu.

En liaison avec cette dynamique notons le retour discret de quelques signes de ponctuation : points d'exclamation (il y en avait déjà dans Alcools) et d'interrogation.

Puis Apollinaire va introduire toute une nouvelle gamme en changeant la direction des lignes. Au lieu de les conserver toutes horizontales, il va en faire dégringoler certaines (ce qui n'est que pousser à l'extrême la division d'un vers en plusieurs fragments qui conservent leur distance originelle à la marge), comme dans « Il pleut », « Fumées »,

monter d'autres doucement, comme dans « Saillant, « SP »,

rapidement, « du Coton dans les Oreilles »,

de plus en plus rapidement, « Visée ».

Bientôt nous atteindrons la verticale, soit ascendante (« Échelon »), soit descendante (« Saillant »). Lorsqu'elle est ascendante, c'est toute la ligne qui fait une rotation de 90 degrés, les lettres sont donc inclinées ; lorsqu'elle est descendante, elle est au fond l'équivalent d'une versification en unités rythmiques très brèves, en vers d'un seul pied par exemple, donc en syllabes détachées, égrènement qui peut être poussé jusqu'à la lettre individuelle. Comparez le rythme de la pluie dans « Il pleut » et dans « du Coton dans les Oreilles ».

La disposition verticale permet la juxtaposition de plusieurs phrases, par exemple l'adjonction à quelques vers d'une annotation marginale, et même d'entourer une strophe d'autres notations.

Cette ligne qui tourne sur la page va pouvoir s'assouplir (« Visée ») se lover (« Loin du Pigeonnier »), jaillir puis retomber, ouvrir ses ailes (« La Colombe poignardée et le Jet d'Eau »), tourner (« Lettre-Océan », « Cœur Couronne et Miroir »), donc aller jusqu'à figurer, dessiner le contour d'un objet.

Ces calligrammes figuratifs sont certainement ce qui surprend le plus la première fois qu'on feuillette ce volume. Il est à remarquer que le: poèmes les plus figuratifs en ce sens sont parmi les plus anciens, et que c'est à partir de cet effort de rivaliser de toute évidence avec la peinture qu'Apollinaire a approfondi sa réflexion sur la disposition de la page.

Certes la ligne imprimée conserve une raideur qui donne à son dessin d'étroites limites (du moins du temps d'Apollinaire, car les techniques actuelles permettraient des réalisations bien plus soignées, bien plus libres), et la figuration de ces pages est souvent aux dépens de leur lisibilité, ce qui n'est pas toujours assumé par le poème, et l'on peut estimer parfois qu'au lieu de disposer la légende selon le schéma linéaire de son illustration il aurait mieux valu séparer les deux choses. Mais il n'en est pas toujours ainsi, car la place qu'ont les mots dans le dessin change leur sens.

Le calligramme figuratif a mené Apollinaire vers une nouvelle source d'inspiration, fort proche de celle à laquelle nous devons ses merveilleux poèmes-conversations, et qui va nous donner des poèmes-peintures (« Paysage », « Voyage », « La Colombe poignardée et le Jet d'Eau ») et surtout des poèmes-natures mortes (« La Cravate et la Montre », « Cœur Couronne et Miroir », « La Mandoline l'Oeillet et le Bambou », « Éventail des saveurs »). Dans ces dernières pages, et seulement dans celles-ci, on voit déjà poindre l'art de Ponge.

Les relations entre les différentes parties de ces textes sont profondément différentes de celles qui existeraient si elles étaient disposées les unes au-dessous des autres dans une typographie normale. Leur figuration oblige à les considérer simultanément.

Venons-en maintenant au détail. Prenons l'élément « Miroir » de « Cœur Couronne et Miroir », le voici transposé en typographie normale :

« Dans ce miroir je suis enclos vivant et vrai comme on imagine les anges et non comme sont les reflets
Guillaume Apollinaire »

Le nom du poète ne peut être compris que comme une signature, alors que, dans le poème, sa place au centre du miroir dessiné par la phrase, en fait véritablement son portrait (et l'on sait l'importance qu'avait le nom pour Wilhelm de Kostrowitzky).

De même, examinons la montre dans de « La Cravate et la Montre », je ne saurais pas comment en disposer les différents mots selon une suite linéaire, ils n'y prendraient pas grand sens, mais si je les regarde dans leur image, je découvre avec un émerveillement amusé que certains sont une exquise interprétation des chiffres inscrits sur le cadran :

un : mon cœur,
deux : les yeux,
trois : l'enfant,
quatre : Agla,
cinq : la main,
six : Tircis,
sept : semaine,
huit : l'infini redressé par un fou de philosophe,
neuf : les muses aux portes de ton corps *(sur la notion des neuf portes du corps féminin, consulter les « Poèmes à Madeleine »),*

dix : le bel inconnu,
onze : et le vers dantesque luisant et cadavérique,
douze : les heures.

La « Lettre-Océan » demanderait une étude spéciale. Elle a en effet une puissance plastique frappante, mais sa figuration est beaucoup plus complexe que celle des poèmes-natures mortes. Soulignons seulement les deux idéogrammes de la tour Eiffel qui en sont l'articulation principale, l'un étant comme l'esquisse de l'autre :

Sur la rive gauche devant le pont d'Iéna, *entouré de dix cris qui rayonnent,*

et :

Haute de 300 mètres, *entouré de quatre cercles de bruits concentriques : sirènes, autobus, gramophones, et les chaussures neuves du poète, plus dix fragments de conversations pris au vol qui rayonnent aussi.*
Le fait que tous ces bruits, cris, discours soient en caractères romains souligne le fait qu'ils sont enregistrés, notés, en opposition avec la ligne d'italiques chantantes :

Jeunes filles à Chapultepec.

Un mot encore sur les poèmes en fac-similé ; l'opposition entre le manuscrit et l'imprimé va jouer un rôle analogue à celle entre l'écrit et le parlé. A l'intérieur du fac-similé la lettre peut virer d'une façon beaucoup plus souple vers le dessin, s'enluminer, mais surtout le contraste entre un manuscrit brouillon et l'imprimé fait ressortir la puissance formelle de celui-ci ; c'est une genèse sur quoi se détachent les inscriptions définitives. C'est l'écrit « brut » et individuel qui fait ressortir l'élaboration, la monumentalité, l'historicité massive des caractères.

Ces maladresses apparentes qui peuvent au premier abord nous gêner dans les calligrammes figuratifs ou les fac-similés, sachons les reconnaître comme les grâces d'un primitif narquois. Rêvant des sublimes et savantes naïvetés d'un Henri Rousseau, Apollinaire n'est pas mécontent de faire l'aveu de ses insuffisances à l'égard de quelques techniques et de nous révéler par la même occasion l'insuffisance de ces techniques à son égard. Il sait que l'on pourrait faire mieux que cela; il nous le demande. Mais si nous avons déjà vu certains des bourgeons de son livre s'épanouir des années plus tard en impressionnantes ramures, bien des boutures de ce bouquet dorment encore sans jardiniers. Au détour de ces pages-pétales des trésors de graines virulentes, d'innombrables clefs pour « le temps de la Raison ardente » attendent vos mains et vos yeux.

Michel Butor.

Les nécessités de la mise en page du calligramme « Voyage », qui doit être lu sur une double page (p. 58-59), impliquent qu'on ait dû intervertir « Voyage » et « Cœur couronne et miroir » (N.d.E.).

A la mémoire
du plus ancien de mes camarades
RENÉ DALIZE
mort au Champ d'Honneur
le 7 mai 1917.

ONDES

Liens

Cordes faites de cris

Sons de cloches à travers l'Europe
Siècles pendus

Rails qui ligotez les nations
Nous ne sommes que deux ou trois hommes
Libres de tous liens
Donnons-nous la main

Violente pluie qui peigne les fumées
Cordes
Cordes tissées
Câbles sous-marins
Tours de Babel changées en ponts
Araignées-Pontifes
Tous les amoureux qu'un seul lien a liés

D'autres liens plus ténus
Blancs rayons de lumière
Cordes et Concorde

J'écris seulement pour vous exalter
O sens ô sens chéris

Ennemis du souvenir
Ennemis du désir

Ennemis du regret
Ennemis des larmes
Ennemis de tout ce que j'aime encore

Les fenêtres

Du rouge au vert tout le jaune se meurt
Quand chantent les aras dans les forêts natales
Abatis de pihis
Il y a un poème à faire sur l'oiseau qui n'a qu'une aile
Nous l'enverrons en message téléphonique
Traumatisme géant
Il fait couler les yeux
Voilà une jolie jeune fille parmi les jeunes Turinaises
Le pauvre jeune homme se mouchait dans sa cravate
    blanche
Tu soulèveras le rideau
Et maintenant voilà que s'ouvre la fenêtre
Araignées quand les mains tissaient la lumière
Beauté pâleur insondables violets
Nous tenterons en vain de prendre du repos
On commencera à minuit
Quand on a le temps on a la liberté
Bigorneaux Lotte multiples Soleils et l'Oursin du cou-
    chant
Une vieille paire de chaussures jaunes devant la fenêtre
Tours
Les Tours ce sont les rues
Puits
Puits ce sont les places
Puits

Arbres creux qui abritent les Câpresses vagabondes
Les Chabins chantent des airs à mourir
Aux Chabines marronnes
Et l'oie oua-oua trompette au nord
Où les chasseurs de ratons
Raclent les pelleteries
Étincelant diamant
Vancouver
Où le train blanc de neige et de feux nocturnes fuit l'hiver
O Paris
Du rouge au vert tout le jaune se meurt
Paris Vancouver Hyères Maintenon New-York et les
    Antilles
La fenêtre s'ouvre comme une orange
Le beau fruit de la lumière

Paysage

V
OI
CI LA MAISON ?
MAISON

Où NAISSENT

LES   É
TOI   LES
ET LES DIVINITÉS

CET
ARBRISSEAU
QUI SE PRÉPARE
A FRUCTIFIER
TE
RES
SEM
BLE

e
m
u
f
i
u
q
é
m
u
l
l

UN CIGARE a

C
O
U
C
H   E
É   B
S   MANTS   M
a   E
VOUS   S
VOUS   N
SÉ   E
PA MES
RE   MEM
R   B
R
E   E
Z   S

Les collines

Au-dessus de Paris un jour
Combattaient deux grands avions
L'un était rouge et l'autre noir
Tandis qu'au zénith flamboyait
L'éternel avion solaire

L'un était toute ma jeunesse
Et l'autre c'était l'avenir
Ils se combattaient avec rage
Ainsi fit contre Lucifer
L'Archange aux ailes radieuses

Ainsi le calcul au problème
Ainsi la nuit contre le jour
Ainsi attaque ce que j'aime
Mon amour ainsi l'ouragan
Déracine l'arbre qui crie

Mais vois quelle douceur partout
Paris comme une jeune fille
S'éveille langoureusement
Secoue sa longue chevelure
Et chante sa belle chanson

Où donc est tombée ma jeunesse
Tu vois que flambe l'avenir
Sache que je parle aujourd'hui
Pour annoncer au monde entier
Qu'enfin est né l'art de prédire

Certains hommes sont des collines
Qui s'élèvent d'entre les hommes
Et voient au loin tout l'avenir
Mieux que s'il était le présent
Plus net que s'il était passé

Ornement des temps et des routes
Passe et dure sans t'arrêter
Laissons sibiler les serpents
En vain contre le vent du sud
Les Psylles et l'onde ont péri

Ordre des temps si les machines
Se prenaient enfin à penser
Sur les plages de pierreries
Des vagues d'or se briseraient
L'écume serait mère encore

Moins haut que l'homme vont les aigles
C'est lui qui fait la joie des mers
Comme il dissipe dans les airs
L'ombre et les spleens vertigineux
Par où l'esprit rejoint le songe

Voici le temps de la magie
Il s'en revient attendez-vous

A des milliards de prodiges
Qui n'ont fait naître aucune fable
Nul les ayant imaginés

Profondeurs de la conscience
On vous explorera demain
Et qui sait quels êtres vivants
Seront tirés de ces abîmes
Avec des univers entiers

Voici s'élever des prophètes
Comme au loin des collines bleues
Ils sauront des choses précises
Comme croient savoir les savants
Et nous transporteront partout

La grande force est le désir
Et viens que je te baise au front
O légère comme une flamme
Dont tu as toute la souffrance
Toute l'ardeur et tout l'éclat

L'âge en vient on étudiera
Tout ce que c'est que de souffrir
Ce ne sera pas du courage
Ni même du renoncement
Ni tout ce que nous pouvons faire

On cherchera dans l'homme même
Beaucoup plus qu'on n'y a cherché
On scrutera sa volonté

Et quelle force naîtra d'elle
Sans machine et sans instrument

Les secourables mânes errent
Se compénétrant parmi nous
Depuis les temps qui nous rejoignent
Rien n'y finit rien n'y commence
Regarde la bague à ton doigt

Temps des déserts des carrefours
Temps des places et des collines
Je viens ici faire des tours
Où joue son rôle un talisman
Mort et plus subtil que la vie

Je me suis enfin détaché
De toutes choses naturelles
Je peux mourir mais non pécher
Et ce qu'on n'a jamais touché
Je l'ai touché je l'ai palpé

Et j'ai scruté tout ce que nul
Ne peut en rien imaginer
Et j'ai soupesé maintes fois
Même la vie impondérable
Je peux mourir en souriant

Bien souvent j'ai plané si haut
Si haut qu'adieu toutes les choses
Les étrangetés les fantômes
Et je ne veux plus admirer
Ce garçon qui mine l'effroi

Jeunesse adieu jasmin du temps
J'ai respiré ton frais parfum
A Rome sur les chars fleuris
Chargés de masques de guirlandes
Et des grelots du carnaval

Adieu jeunesse blanc Noël
Quand la vie n'était qu'une étoile
Dont je contemplais le reflet
Dans la mer Méditerranée
Plus nacrée que les météores

Duvetée comme un nid d'archanges
Ou la guirlande des nuages
Et plus lustrée que les halos
Émanations et splendeurs
Unique douceur harmonies

Je m'arrête pour regarder
Sur la pelouse incandescente
Un serpent erre c'est moi-même
Qui suis la flûte dont je joue
Et le fouet qui châtie les autres

Il vient un temps pour la souffrance
Il vient un temps pour la bonté
Jeunesse adieu voici le temps
Où l'on connaîtra l'avenir
Sans mourir de sa connaissance

C'est le temps de la grâce ardente
La volonté seule agira

Sept ans d'incroyables épreuves
L'homme se divinisera
Plus pur plus vif et plus savant

Il découvrira d'autres mondes
L'esprit languit comme les fleurs
Dont naissent les fruits savoureux
Que nous regarderons mûrir
Sur la colline ensoleillée

Je dis ce qu'est au vrai la vie
Seul je pouvais chanter ainsi
Mes chants tombent comme des graines
Taisez-vous tous vous qui chantez
Ne mêlez pas l'ivraie au blé

Un vaisseau s'en vint dans le port
Un grand navire pavoisé
Mais nous n'y trouvâmes personne
Qu'une femme belle et vermeille
Elle y gisait assassinée

Une autre fois je mendiais
L'on ne me donna qu'une flamme
Dont je fus brûlé jusqu'aux lèvres
Et je ne pus dire merci
Torche que rien ne peut éteindre

Où donc es-tu ô mon ami
Qui rentrais si bien en toi-même

Qu'un abîme seul est resté
Où je me suis jeté moi-même
Jusqu'aux profondeurs incolores

Et j'entends revenir mes pas
Le long des sentiers que personne
N'a parcourus j'entends mes pas
A toute heure ils passent là-bas
Lents ou pressés ils vont ou viennent

Hiver toi qui te fais la barbe
Il neige et je suis malheureux
J'ai traversé le ciel splendide
Où la vie est une musique
Le sol est trop blanc pour mes yeux

Habituez-vous comme moi
A ces prodiges que j'annonce
A la bonté qui va régner
A la souffrance que j'endure
Et vous connaîtrez l'avenir

C'est de souffrance et de bonté
Que sera faite la beauté
Plus parfaite que n'était celle
Qui venait des proportions
Il neige et je brûle et je tremble

Maintenant je suis à ma table
J'écris ce que j'ai ressenti

Et ce que j'ai chanté là-haut
Un arbre élancé que balance
Le vent dont les cheveux s'envolent

Un chapeau haut de forme est sur
Une table chargée de fruits
Les gants sont morts près d'une pomme
Une dame se tord le cou
Auprès d'un monsieur qui s'avale

Le bal tournoie au fond du temps
J'ai tué le beau chef d'orchestre
Et je pèle pour mes amis
L'orange dont la saveur est
Un merveilleux feu d'artifice

Tous sont morts le maître d'hôtel
Leur verse un champagne irréel
Qui mousse comme un escargot
Ou comme un cerveau de poète
Tandis que chantait une rose

L'esclave tient une épée nue
Semblable aux sources et aux fleuves
Et chaque fois qu'elle s'abaisse
Un univers est éventré
Dont il sort des mondes nouveaux

Le chauffeur se tient au volant
Et chaque fois que sur la route
Il corne en passant le tournant

Il paraît à perte de vue
Un univers encore vierge

Et le tiers nombre c'est la dame
Elle monte dans l'ascenseur
Elle monte monte toujours
Et la lumière se déploie
Et ces clartés la transfigurent

Mais ce sont de petits secrets
Il en est d'autres plus profonds
Qui se dévoileront bientôt
Et feront de vous cent morceaux
A la pensée toujours unique

Mais pleure pleure et repleurons
Et soit que la lune soit pleine
Ou soit qu'elle n'ait qu'un croissant
Ah! pleure pleure et repleurons
Nous avons tant ri au soleil

Des bras d'or supportent la vie
Pénétrez le secret doré
Tout n'est qu'une flamme rapide
Que fleurit la rose adorable
Et d'où monte un parfum exquis

Arbre

A Frédéric Boutet.

Tu chantes avec les autres tandis que les phonographes
    galopent
Où sont les aveugles où s'en sont-ils allés
La seule feuille que j'aie cueillie s'est changée en plusieurs
    mirages
Ne m'abandonnez pas parmi cette foule de femmes au
    marché
Ispahan s'est fait un ciel de carreaux émaillés de bleu
Et je remonte avec vous une route aux environs de Lyon

Je n'ai pas oublié le son de la clochette d'un marchand
    de coco d'autrefois
J'entends déjà le son aigre de cette voix à venir
Du camarade qui se promènera avec toi en Europe
Tout en restant en Amérique

Un enfant
Un veau dépouillé pendu à l'étal
Un enfant
Et cette banlieue de sable autour d'une pauvre ville au
    fond de l'est
Un douanier se tenait là comme un ange
A la porte d'un misérable paradis
Et ce voyageur épileptique écumait dans la salle d'attente
    des premières

Engoulevent Blaireau
Et la Taupe-Ariane

Nous avions loué deux coupés dans le transsibérien
Tour à tour nous dormions le voyageur en bijouterie
    et moi
Mais celui qui veillait ne cachait point un revolver
    armé

Tu t'es promené à Leipzig avec une femme mince
    déguisée en homme
Intelligence car voilà ce que c'est qu'une femme intel-
    ligente
Et il ne faudrait pas oublier les légendes
Dame-Abonde dans un tramway la nuit au fond d'un
    quartier désert
Je voyais une chasse tandis que je montais
Et l'ascenseur s'arrêtait à chaque étage

Entre les pierres
Entre les vêtements multicolores de la vitrine
Entre les charbons ardents du marchand de marrons
Entre deux vaisseaux norvégiens amarrés à Rouen
Il y a ton image

Elle pousse entre les bouleaux de la Finlande

Ce beau nègre en acier

La plus grande tristesse
C'est quand tu reçus une carte postale de La Corogne

Le vent vient du couchant
Le métal des caroubiers
Tout est plus triste qu'autrefois
Tous les dieux terrestres vieillissent
L'univers se plaint par ta voix
Et des êtres nouveaux surgissent
Trois par trois

Lundi rue Christine

La mère de la concierge et la concierge laisseront tout
    passer
Si tu es un homme tu m'accompagneras ce soir
Il suffirait qu'un type maintînt la porte cochère
Pendant que l'autre monterait

Trois becs de gaz allumés
La patronne est poitrinaire
Quand tu auras fini nous jouerons une partie de jacquet
Un chef d'orchestre qui a mal à la gorge
Quand tu viendras à Tunis je te ferai fumer du kief

Ça a l'air de rimer

Des piles de soucoupes des fleurs un calendrier
Pim pam pim
Je dois fiche près de 300 francs à ma probloque
Je préférerais me couper le parfaitement que de les
    lui donner

Je partirai à 20 h. 27
Six glaces s'y dévisagent toujours
Je crois que nous allons nous embrouiller encore
    davantage

Cher monsieur
Vous êtes un mec à la mie de pain
Cette dame a le nez comme un ver solitaire
Louise a oublié sa fourrure
Moi je n'ai pas de fourrure et je n'ai pas froid
Le Danois fume sa cigarette en consultant l'horaire
Le chat noir traverse la brasserie

Ces crêpes étaient exquises
La fontaine coule
Robe noire comme ses ongles
C'est complètement impossible
Voici monsieur
La bague en malachite
Le sol est semé de sciure
Alors c'est vrai
La serveuse rousse a été enlevée par un libraire

Un journaliste que je connais d'ailleurs très vaguement

Écoute Jacques c'est très sérieux ce que je vais te dire

Compagnie de navigation mixte

Il me dit monsieur voulez-vous voir ce que je peux
    faire d'eaux-fortes et de tableaux
Je n'ai qu'une petite bonne

Après déjeuner café du Luxembourg

Une fois là il me présente un gros bonhomme
Qui me dit
Écoutez c'est charmant
A Smyrne à Naples en Tunisie
Mais nom de Dieu où est-ce
La dernière fois que j'ai été en Chine
C'est il y a huit ou neuf ans
L'Honneur tient souvent à l'heure que marque la pendule
La quinte major

Lettre-Océan

Je traverse la ville nez en avant et je la coupe en **2**

J'étais au bord du Rhin quand tu partis pour le Mexique
Ta voix me parvient malgré l'énorme distance
Gens de mauvaise mine sur le quai à la Vera Cruz

Les voyageurs de *l'Espagne* devant faire
le voyage de Coatzacoalcos pour s'embarquer
je t'envoie cette carte aujourd'hui au lieu

Juan Aldama

Correos
Mexico
4 centavos

YPIRANGA

REPUBLICA MEXICANA
TARJETA POSTAL

11 45
29 - 5
14
Rue des Batignolles

de profiter du courrier de Vera Cruz qui n'est pas sûr
Tout est calme ici et nous sommes dans l'attente

U. S. Postage
2 cents 2

des événements.

Vive
la
Ré
pu
bli
que

Hoo le croquant

Zut
pour
M.
Zun

Ar
ré
tez
co
cher

Vi
ve
le
Roy

Des clefs j'en ai vu mille et mille

Sur la
rive
gauche
devant
le pont
d'Iéna

Evviva il Papa

bas
A
la
loi
ca
te

Jac
ques
c'é
tait
dé
li
cieux

La
Tu
ni
sie
tu
fondes
un
jour
nal

non
si
vous
avez
une
mous
tache

la gueule mon vieux pad

T

S

F

BONJOUR

ANOMO

ANORA

TU NE CONNAITRAS JAMAIS BIEN

LES

Mayas

Te souviens-tu du tremblement de terre entre 1885 et 1890
on coucha plus d'un mois sous la tente

BONJOUR MON FRÈRE ALBERT à Mexico

Jeunes filles à Chapultepec

et
com
ment
j'ai
brû
le
le
dur
avec
ma
gerce

Tous
saint
Luca
est
main
tenant
à
Poi
tiers

rue
St-
Isidore
à
la
Havane
cela
n'existe

Chirimoya

LES CHAUSSURES NEUVES DU POÈTE

crê   crê
crê   crê

GRAMOPHONES   z z z à à   crê

tes   AUTOBUS   z

por   r r o   o o

crê crê

ture les voyageurs pour Chatou crê crê

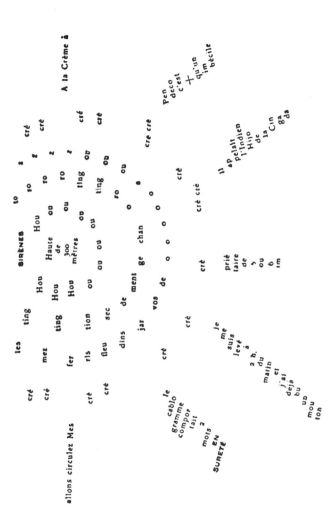

Sur les prophéties

J'ai connu quelques prophétesses
Madame Salmajour avait appris en Océanie à tirer les
    cartes
C'est là-bas qu'elle avait eu encore l'occasion de parti-
    ciper
A une scène savoureuse d'anthropophagie
Elle n'en parlait pas à tout le monde
En ce qui concerne l'avenir elle ne se trompait jamais

Une cartomancienne céretane Marguerite je ne sais
    plus quoi
                    Est également habile
Mais Madame Deroy est la mieux inspirée
                    La plus précise
Tout ce qu'elle m'a dit du passé était vrai et tout ce
    qu'elle
M'a annoncé s'est vérifié dans le temps qu'elle indi-
    quait
J'ai connu un sciomancien mais je n'ai pas voulu qu'il
    interrogeât mon ombre
Je connais un sourcier c'est le peintre norvégien Diriks

Miroir brisé sel renversé ou pain qui tombe
Puissent ces dieux sans figure m'épargner toujours

46

Au demeurant je ne crois pas mais je regarde et j'écoute
   et notez
Que je lis assez bien dans la main
Car je ne crois pas mais je regarde et quand c'est possible
   j'écoute

Tout le monde est prophète mon cher André Billy
Mais il y a si longtemps qu'on fait croire aux gens
Qu'ils n'ont aucun avenir qu'ils sont ignorants à jamais
                  Et idiots de naissance
Qu'on en a pris son parti et que nul n'a même l'idée
De se demander s'il connaît l'avenir ou non
Il n'y a pas d'esprit religieux dans tout cela
Ni dans les superstitions ni dans les prophéties
Ni dans tout ce que l'on nomme occultisme
Il y a avant tout une façon d'observer la nature
Et d'interpréter la nature
Qui est très légitime

Le musicien de Saint-Merry

J'ai enfin le droit de saluer des êtres que je ne connais
    pas
Ils passent devant moi et s'accumulent au loin
Tandis que tout ce que j'en vois m'est inconnu
Et leur espoir n'est pas moins fort que le mien

Je ne chante pas ce monde ni les autres astres
Je chante toutes les possibilités de moi-même hors de ce
    monde et des astres
Je chante la joie d'errer et le plaisir d'en mourir

Le 21 du mois de mai 1913
Passeur des morts et les mordonnantes mériennes
Des millions de mouches éventaient une splendeur
Quand un homme sans yeux sans nez et sans oreilles
Quittant le Sébasto entra dans la rue Aubry-le-Boucher
Jeune l'homme était brun et ce couleur de fraise sur
    les joues
Homme Ah! Ariane
Il jouait de la flûte et la musique dirigeait ses pas
Il s'arrêta au coin de la rue Saint-Martin
Jouant l'air que je chante et que j'ai inventé
Les femmes qui passaient s'arrêtaient près de lui
Il en venait de toutes parts

Lorsque tout à coup les cloches de Saint-Merry se mirent
    à sonner
Le musicien cessa de jouer et but à la fontaine
Qui se trouve au coin de la rue Simon-Le-Franc
Puis Saint-Merry se tut
L'inconnu reprit son air de flûte
Et revenant sur ses pas marcha jusqu'à la rue de la
    Verrerie
Où il entra suivi par la troupe des femmes
Qui sortaient des maisons
Qui venaient par les rues traversières les yeux fous
Les mains tendues vers le mélodieux ravisseur
Il s'en allait indifférent jouant son air
Il s'en allait terriblement

Puis ailleurs
A quelle heure un train partira-t-il pour Paris

A ce moment
Les pigeons des Moluques fientaient des noix muscades
En même temps
Mission catholique de Bôma qu'as-tu fait du sculpteur

Ailleurs
Elle traverse un pont qui relie Bonn à Beuel et dis-
    paraît à travers Pützchen

Au même instant
Une jeune fille amoureuse du maire

Dans un autre quartier
Rivalise donc poète avec les étiquettes des parfumeurs

En somme ô rieurs vous n'avez pas tiré grand-chose
    des hommes
Et à peine avez-vous extrait un peu de graisse de leur
    misère
Mais nous qui mourons de vivre loin l'un de l'autre
Tendons nos bras et sur ces rails roule un long train
    de marchandises

Tu pleurais assise près de moi au fond d'un fiacre

Et maintenant
Tu me ressembles tu me ressembles malheureusement

Nous nous ressemblons comme dans l'architecture du
    siècle dernier
Ces hautes cheminées pareilles à des tours
Nous allons plus haut maintenant et ne touchons plus
    le sol

Et tandis que le monde vivait et variait

Le cortège des femmes long comme un jour sans pain
Suivait dans la rue de la Verrerie l'heureux musicien

Cortèges ô cortèges
C'est quand jadis le roi s'en allait à Vincennes
Quand les ambassadeurs arrivaient à Paris

Quand le maigre Suger se hâtait vers la Seine
Quand l'émeute mourait autour de Saint-Merry

Cortèges ô cortèges
Les femmes débordaient tant leur nombre était grand
Dans toutes les rues avoisinantes
Et se hâtaient raides comme balle
Afin de suivre le musicien
Ah! Ariane et toi Pâquette et toi Amine
Et toi Mia et toi Simone et toi Mavise
Et toi Colette et toi la belle Geneviève
Elles ont passé tremblantes et vaines
Et leurs pas légers et prestes se mouvaient selon la
    cadence
De la musique pastorale qui guidait
Leurs oreilles avides

L'inconnu s'arrêta un moment devant une maison à
    vendre
Maison abandonnée
Aux vitres brisées
C'est un logis du seizième siècle
La cour sert de remise à des voitures de livraisons
C'est là qu'entra le musicien
Sa musique qui s'éloignait devint langoureuse
Les femmes le suivirent dans la maison abandonnée
Et toutes y entrèrent confondues en bande
Toutes toutes y entrèrent sans regarder derrière elles
Sans regretter ce qu'elles ont laissé
Ce qu'elles ont abandonné
Sans regretter le jour la vie et la mémoire
Il ne resta bientôt plus personne dans la rue de la Ver-
    rerie

Sinon moi-même et un prêtre de Saint-Merry
Nous entrâmes dans la vieille maison
Mais nous n'y trouvâmes personne

Voici le soir
A Saint-Merry c'est l'Angélus qui sonne
Cortèges ô cortèges
C'est quand jadis le roi revenait de Vincennes
Il vint une troupe de casquettiers
Il vint des marchands de bananes
Il vint des soldats de la garde républicaine
O nuit
Troupeau de regards langoureux des femmes
O nuit
Toi ma douleur et mon attente vaine
J'entends mourir le son d'une flûte lointaine

La cravate et la montre

LA CRAVATE
DOU
LOU
REUSE
QUE TU
PORTES
ET QUI T'
ORNE O CI
VILISÉ
OTE- TU VEUX
LA   BIEN
SI   RESPI
RER

COMME L'ON
S'AMUSE
BI
EN

les   la
heures

et le   beau
vers   Mon
dantesque   cœur   té
luisant et
cadavérique   de

la
le bel   s
inconnu   Il   yeux   vie
est   Et
—   tout   pas
5   se
les Muses   en   ra   se
aux portes de   fin fi
ton corps   ni   l'enfant la

dou
l'infini   leur
redressé   Agla
par un fou   de
de philosophie
mou

rir

semaine   la main

Tircis

Un fantôme de nuées

Comme c'était la veille du quatorze juillet
Vers les quatre heures de l'après-midi
Je descendis dans la rue pour aller voir les saltimbanques

Ces gens qui font des tours en plein air
Commencent à être rares à Paris
Dans ma jeunesse on en voyait beaucoup plus qu'au-
    jourd'hui
Ils s'en sont allés presque tous en province

Je pris le boulevard Saint-Germain
Et sur une petite place située entre Saint-Germain-des-
    Prés et la statue de Danton
Je rencontrai les saltimbanques

La foule les entourait muette et résignée à attendre
Je me fis une place dans ce cercle afin de tout voir
Poids formidables
Villes de Belgique soulevées à bras tendu par un ouvrier
    russe de Longwy
Haltères noirs et creux qui ont pour tige un fleuve figé
Doigts roulant une cigarette amère et délicieuse comme
    la vie

De nombreux tapis sales couvraient le sol
Tapis qui ont des plis qu'on ne défera pas
Tapis qui sont presque entièrement couleur de la
   poussière
Et où quelques taches jaunes ou vertes ont persisté
Comme un air de musique qui vous poursuit

Vois-tu le personnage maigre et sauvage
La cendre de ses pères lui sortait en barbe grisonnante
Il portait ainsi toute son hérédité au visage
Il semblait rêver à l'avenir
En tournant machinalement un orgue de Barbarie
Dont la lente voix se lamentait merveilleusement
Les glouglous les couacs et les sourds gémissements

Les saltimbanques ne bougeaient pas
Le plus vieux avait un maillot couleur de ce rose vio-
   lâtre qu'ont aux joues certaines jeunes filles fraîches
   mais près de la mort

Ce rose-là se niche surtout dans les plis qui entourent
   souvent leur bouche
Ou près des narines
C'est un rose plein de traîtrise

Cet homme portait-il ainsi sur le dos
La teinte ignoble de ses poumons

Les bras les bras partout montaient la garde

Le second saltimbanque
N'était vêtu que de son ombre
Je le regardai longtemps
Son visage m'échappe entièrement
C'est un homme sans tête

Un autre enfin avait l'air d'un voyou
D'un apache bon et crapule à la fois
Avec son pantalon bouffant et les accroche-chaussettes
N'aurait-il pas eu l'apparence d'un maquereau à sa toi-
lette

La musique se tut et ce furent des pourparlers avec le
public
Qui sou à sou jeta sur le tapis la somme de deux francs
cinquante
Au lieu des trois francs que le vieux avait fixés comme
prix des tours

Mais quand il fut clair que personne ne donnerait plus
rien
On se décida à commencer la séance
De dessous l'orgue sortit un tout petit saltimbanque
habillé de rose pulmonaire
Avec de la fourrure aux poignets et aux chevilles
Il poussait des cris brefs
Et saluait en écartant gentiment les avant-bras
Mains ouvertes

Une jambe en arrière prête à la génuflexion
Il salua ainsi aux quatre points cardinaux

Et quand il marcha sur une boule
Son corps mince devint une musique si délicate que nul
    parmi les spectateurs n'y fut insensible
Un petit esprit sans aucune humanité
Pensa chacun
Et cette musique des formes
Détruisit celle de l'orgue mécanique
Que moulait l'homme au visage couvert d'ancêtres

Le petit saltimbanque fit la roue
Avec tant d'harmonie
Que l'orgue cessa de jouer
Et que l'organiste se cacha le visage dans les mains
Aux doigts semblables aux descendants de son destin
Fœtus minuscules qui lui sortaient de la barbe
Nouveaux cris de Peau-Rouge
Musique angélique des arbres
Disparition de l'enfant
Les saltimbanques soulevèrent les gros haltères à bout
    de bras
Ils jonglèrent avec les poids

Mais chaque spectateur cherchait en soi l'enfant mira-
    culeux
Siècle ô siècle des nuages

Voyage

A DIEU AMOUR NUAGE QUI
FUIS REFAIS LE VOYAGE DE DANTE
ET N'A PAS CHU PLUIE FÉCON

OU VA DONC CE TRAIN QUI MEURT
DANS LES VALS ET LES BEAUX BOIS

O
D U
CE

L
A

T
I
N U

E
T
D O
I
L E
S

L
P E
I N E

N
E

E
J

TÉLÉGRAPHE

OISEAU
QUI   TOMBER
LAISSE

SES AILES PARTOUT

? E L A P

AU   LOIN
FRAIS   DU   **TENDRE ÉTÉ SI**

L   U
e
N   A
I
R
E   ET

C'   TON
EST   SA
VI   GE

QUE

V
O
I
S   PLUS

59

Cœur couronne et miroir

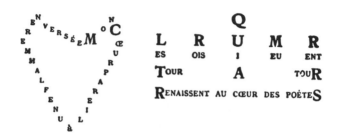

MON CŒUR PAREIL À UNE FLAMME RENVERSÉE

LES ROIS QUI MEURENT TOUR À TOUR RENAISSENT AU CŒUR DES POÈTES

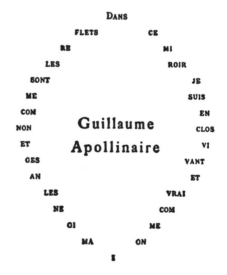

DANS CE MIROIR JE SUIS ENCLOS VIVANT ET VRAI COMME ON IMAGINE LES ANGES ET NON COMME SONT LES REFLETS

Guillaume Apollinaire

Tour

A R.D.

Au Nord au Sud
Zénith Nadir
Et les grands cris de l'Est
L'Océan se gonfle à l'Ouest
La Tour à la Roue
S'adresse

A travers l'Europe

A M. Ch.

Rotsoge
Ton visage écarlate ton biplan transformable en hy-
    droplan
Ta maison ronde où il nage un hareng saur
Il me faut la clef des paupières
Heureusement que nous avons vu M. Panado
Et nous sommes tranquilles de ce côté-là
Qu'est-ce que tu vois mon vieux M. D...
90 ou 324 un homme en l'air un veau qui regarde à
    travers le ventre de sa mère

J'ai cherché longtemps sur les routes
Tant d'yeux sont clos au bord des routes
Le vent fait pleurer les saussaies
Ouvre ouvre ouvre ouvre ouvre
Regarde mais regarde donc
Le vieux se lave les pieds dans la cuvette
Una volta ho inteso dire Chè vuoi
Je me mis à pleurer en me souvenant de vos enfances

Et toi tu me montres un violet épouvantable

Ce petit tableau où il y a une voiture m'a rappelé le
    jour

Un jour fait de morceaux mauves jaunes bleus verts
   et rouges
Où je m'en allais à la campagne avec une charmante
   cheminée tenant sa chienne en laisse
Il n'y en a plus tu n'as plus ton petit mirliton
La cheminée fume loin de moi des cigarettes russes
La chienne aboie contre les lilas
La veilleuse est consumée
Sur la robe ont chu des pétales
Deux anneaux d'or près des sandales
Au soleil se sont allumés
Mais tes cheveux sont le trolley
A travers l'Europe vêtue de petits feux multicolores

Il pleut

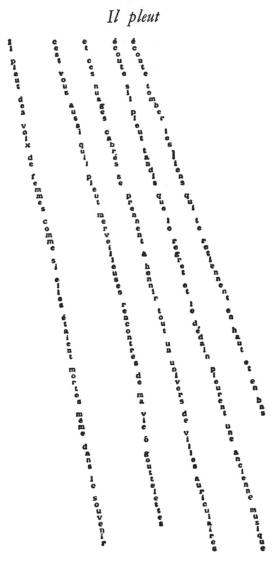

il pleut des voix de femmes comme si elles étaient mortes même dans le souvenir

c'est vous aussi qu'il pleut merveilleuses rencontres de ma vie ô gouttelettes

et ces nuages cabrés se prennent à hennir tout un univers de villes auriculaires

écoute s'il pleut tandis que le regret et le dédain pleurent une ancienne musique

écoute tomber les liens qui te retiennent en haut et en bas

ÉTENDARDS

La petite auto

Le 31 du mois d'Août 1914
Je partis de Deauville un peu avant minuit
Dans la petite auto de Rouveyre

Avec son chauffeur nous étions trois

Nous dîmes adieu à toute une époque
Des géants furieux se dressaient sur l'Europe
Les aigles quittaient leur aire attendant le soleil
Les poissons voraces montaient des abîmes
Les peuples accouraient pour se connaître à fond
Les morts tremblaient de peur dans leurs sombres de-
    meures

Les chiens aboyaient vers là-bas où étaient les frontières
Je m'en allais portant en moi toutes ces armées qui
    se battaient
Je les sentais monter en moi et s'étaler les contrées
    où elles serpentaient
Avec les forêts les villages heureux de la Belgique
Francorchamps avec l'Eau Rouge et les pouhons
Région par où se font toujours les invasions
Artères ferroviaires où ceux qui s'en allaient mourir

saluaient encore une fois la vie colorée
Océans profonds où remuaient les monstres
Dans les vieilles carcasses naufragées
Hauteurs inimaginables où l'homme combat
Plus haut que l'aigle ne plane
L'homme y combat contre l'homme
Et descend tout à coup comme une étoile filante
Je sentais en moi des êtres neufs pleins de dextérité
Bâtir et aussi agencer un univers nouveau
Un marchand d'une opulence inouïe et d'une taille
    prodigieuse
Disposait un étalage extraordinaire
Et des bergers gigantesques menaient
De grands troupeaux muets qui broutaient les paroles
Et contre lesquels aboyaient tous les chiens sur la route

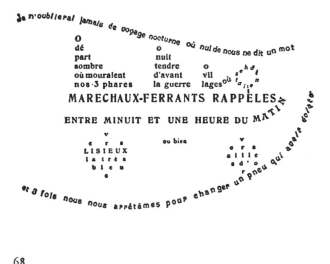

Et quand après avoir passé l'après-midi
Par Fontainebleau
Nous arrivâmes à Paris
Au moment où l'on affichait la mobilisation
Nous comprîmes mon camarade et moi
Que la petite auto nous avait conduits dans une époque
                    Nouvelle
Et bien qu'étant déjà tous deux des hommes mûrs
Nous venions cependant de naître

La mandoline
l'œillet et le bambou

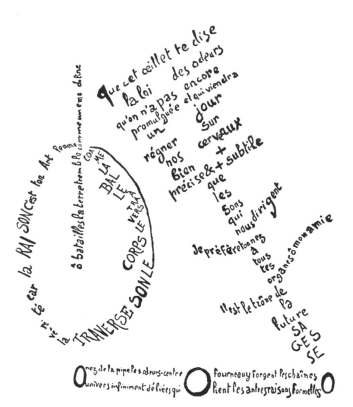

Fumées

Et tandis que la guerre
Ensanglante la terre
Je hausse les odeurs
Près des couleurs saveurs

Et je fu
m
e
du
ta
bac
de
Zo NE

Des fleurs à ras du sol regardent par bouffées
Les boucles des odeurs par tes mains décoiffées
Mais je connais aussi les grottes parfumées
Où gravite l'azur unique des fumées
Où plus doux que la nuit et plus pur que le jour
Tu t'étends comme un dieu fatigué par l'amour
Tu fascines les flammes
Elles rampent à tes pieds
Ces nonchalantes femmes
Tes feuilles de papier

A Nîmes

A Émile Léonard.

Je me suis engagé sous le plus beau des cieux
Dans Nice la Marine au nom victorieux

Perdu parmi 900 conducteurs anonymes
Je suis un charretier du neuf charroi de Nîmes

L'Amour dit Reste ici Mais là-bas les obus
Épousent ardemment et sans cesse les buts

J'attends que le printemps commande que s'en aille
Vers le nord glorieux l'intrépide bleusaille

Les 3 servants assis dodelinent leurs fronts
Où brillent leurs yeux clairs comme mes éperons

Un bel après-midi de garde à l'écurie
J'entends sonner les trompettes d'artillerie

J'admire la gaieté de ce détachement
Qui va rejoindre au front notre beau régiment

Le territorial se mange une salade
A l'anchois en parlant de sa femme malade

4 pointeurs fixaient les bulles des niveaux
Qui remuaient ainsi que les yeux des chevaux

Le bon chanteur Girault nous chante après 9 heures
Un grand air d'opéra toi l'écoutant tu pleures

Je flatte de la main le petit canon gris
Gris comme l'eau de Seine et je songe à Paris

Mais ce pâle blessé m'a dit à la cantine
Des obus dans la nuit la splendeur argentine

Je mâche lentement ma portion de bœuf
Je me promène seul le soir de 5 à 9

Je selle mon cheval nous battons la campagne
Je te salue au loin belle rose ô tour Magne

La colombe poignardée
et le jet d'eau

Douces figures poignardées Chères lèvres fleuries
MIA   MAREYE
YETTE   LORIE
ANNIE   et toi   MARIE
où   êtes-
vous   ô
jeunes   filles
MAIS
près d'un
jet d'eau qui
pleure et qui prie
cette colombe s'extasie

Tous les souvenirs de naguère
Ô mes amis partis en guerre
Où sont Raynal Billy Dalize
Dont les noms se mélancolisent
Jaillissent vers le firmament
Comme des pas dans une église
Et vos regards en l'eau dormant
Où est Cremnitz qui s'engagea
Meurent mélancoliquement
Peut-être sont-ils morts déjà
Où sont-ils Braque et Max Jacob
De souvenirs mon âme est pleine
Derain aux yeux gris comme l'aube
Le jet d'eau pleure sur ma peine

?

CEUX QUI SONT PARTIS A LA GUERRE AU NORD SE BATTENT MAINTENANT
Le soir tombe Ô sanglante mer
Jardins où saigne abondamment le laurier rose fleur guerrière

2ᵉ canonnier conducteur

Me voici libre et fier parmi mes compagnons
Le Réveil a sonné et dans le petit jour je salue
La fameuse Nancéenne que je n'ai pas connue


```
        AS-
     TU  CON
  NU      LA QUI
  PU      TAIN  A FOUTU LA VXXXXX A TOUTE L'ARTILLERIE
  DE       N                                . .
      ANCY L'ARTILLERIE   ne              au
                          s'est           mal
                          pas
                    aperçu qu'elle avait
```


Les 3 servants bras dessus bras dessous se sont endor-
    mis sur l'avant-train
Et conducteur par mont par val sur le porteur
Au pas au trot ou au galop je conduis le canon
Le bras de l'officier est mon étoile polaire
Il pleut mon manteau est trempé et je m'essuie parfois
    la figure
Avec la serviette-torchon qui est dans la sacoche du
sous-verge
Voici des fantassins aux pas pesants aux pieds boueux
La pluie les pique de ses aiguilles le sac les suit

```
                    SA                                          S
       CRÉ        NOM                                           A
                                                              LUT
       DE         DIEU          SOU    V   E                    M
                               NIRS    D   E                  O   N
       Q U E L L E             P A   RIS                      D   E
                              A V A N T   L A                  DONT
       AL         LU          G U E R R E   I L S             JE SUIS
                              S E R O N T   B I E N           LA L'AN
       RE         NOM          P L U S  D O U X               GUE  É
                              A P R È S   L A                 LOQUEN
       DE         DIEU          V I C T O I R E               TE QUESA
                                                             B O U C H E
       QUEL        LE                                        O  P A R I S
           L                            N                   TIRE ET TIRERA
        A L   U R  E                    U
    C                                   I                    T O U      JOURS
       E                       que   T  la
         P E     N D     A N T  S  D C E                      AUX         A L
                                    E E
                                    N                         L E M      A N D S
                                        D
```

Fantassins
Marchantes mottes de terre
Vous êtes la puissance
Du sol qui vous a faits
Et c'est le sol qui va
Lorsque vous avancez
Un officier passe au galop
Comme un ange bleu dans la pluie grise
Un blessé chemine en fumant une pipe
Le lièvre détale et voici un ruisseau que j'aime
Et cette jeune femme nous salue charretiers
La Victoire se tient après nos jugulaires
Et calcule pour nos canons les mesures angulaires
Nos salves nos rafales sont ses cris de joie
Ses fleurs sont nos obus aux gerbes merveilleuses
Sa pensée se recueille aux tranchées glorieuses

```
J'ENTENDS  CHA N
L                                  
E                         TER l'oiseau
B                       E
EL  OISEAU  RAPAC
```

Veille

Mon cher André Rouveyre
Troudla la Champignon Tabatière
On ne sait quand on partira
Ni quand on reviendra

Au Mercure de France
Mars revient tout couleur d'espérance
J'ai envoyé mon papier
Sur papier quadrillé

J'entends les pas des grands chevaux d'artillerie allant
    au trot sur la grand-route où moi je veille
Un grand manteau gris de crayon comme le ciel m'enve-
    loppe jusqu'à l'oreille
                Quel
                Ciel
                Triste
                Piste
                Où
                Vale
                Pâle
                Sou-
                rire
De la lune qui me regarde écrire

Ombre

Vous voilà de nouveau près de moi
Souvenirs de mes compagnons morts à la guerre
L'olive du temps
Souvenirs qui n'en faites plus qu'un
Comme cent fourrures ne font qu'un manteau
Comme ces milliers de blessures ne font qu'un article
    de journal
Apparence impalpable et sombre qui avez pris
La forme changeante de mon ombre
Un Indien à l'affût pendant l'éternité
Ombre vous rampez près de moi
Mais vous ne m'entendez plus
Vous ne connaîtrez plus les poèmes divins que je chante
Tandis que moi je vous entends je vous vois encore
Destinées
Ombre multiple que le soleil vous garde
Vous qui m'aimez assez pour ne jamais me quitter
Et qui dansez au soleil sans faire de poussière
Ombre encre du soleil
Écriture de ma lumière
Caisson de regrets
Un dieu qui s'humilie

C'est Lou qu'on la nommait

Il est des loups de toute sorte
Je connais le plus inhumain
Mon cœur que le diable l'emporte
Et qu'il le dépose à sa porte
N'est plus qu'un jouet dans sa main

Les loups jadis étaient fidèles
Comme sont les petits toutous
Et les soldats amants des belles
Galamment en souvenir d'elles
Ainsi que les loups étaient doux

Mais aujourd'hui les temps sont pires
Les loups sont tigres devenus
Et les soldats et les Empires
Les Césars devenus Vampires
Sont aussi cruels que Vénus

J'en ai pris mon parti Rouveyre
Et monté sur mon grand cheval
Je vais bientôt partir en guerre
Sans pitié chaste et l'œil sévère
Comme ces guerriers qu'Épinal

Vendait Images populaires
Que Georgin gravait dans le bois
Où sont-ils ces beaux militaires
Soldats passés Où sont les guerres
Où sont les guerres d'autrefois

CASE D'ARMONS

La 1ʳᵉ édition à 25 exemplaires de Case d'Armons *a été polygraphiée sur papier quadrillé, à l'encre violette, au moyen de gélatine, à la batterie de tir (45ᵉ batterie, 38ᵉ Régiment d'artillerie de campagne) devant l'ennemi, et le tirage a été achevé le 17 juin 1915.*

Loin du pigeonnier

Et vous savez pourquoi

Pour
quoi la chère couleuvre se love de la mer jusqu'à l'espoir
l'Est attendrissant
dessant

Hexa
èdres
bar
belés
mais un secret
collines bleues
en sentinelle

Malourène 75 Canteraine

dans la
Forêt
où
nous chantons

O gerbes
des
3o5
en déroute

Reconnaissance

A Mademoiselle P...

Un seul bouleau crépusculaire
Pâlit au seuil de l'horizon
Où fuit la mesure angulaire
Du cœur à l'âme et la raison

Le galop bleu des souvenances
Traverse les lilas des yeux

Et les canons des indolences
Tirent mes songes vers
                      les
                          cieux

S P

Au maréchal des logis
René Berthier.

Qu'est-ce qu'on y met
Dans la case d'armons
Espèce de poilu de mon cœur

Pan pan pan
Perruque perruque
Pan pan pan
Perruque à canon

Pour lutter contre les vapeurs
les lunettes pour protéger les yeux
au moyen d'un masque nocivité gaz
un tissu trempé mouchoir des nez

dans
la so
lution
de bi
carbo
nate de
sodium

Les masques seront sim
plement mouillés des lar
mes de rire de rire

Visée

A Madame René Berthier.

Chevaux couleur cerise limite des Zélandes

Des mitrailleuses d'or coassent les légendes

Je t'aime liberté qui veilles dans les hypogées

Harpe aux cordes d'argent ô pluie ô ma musique

L'invisible ennemi plaie d'argent au soleil

Et l'avenir secret que la fusée élucide

Entends nager le Mot poisson subtil

Les villes tour à tour deviennent des clefs

Le masque bleu comme met Dieu son ciel

Guerre paisible ascèse solitude métaphysique

Enfant aux mains-coupées parmi les roses oriflammes

1915

Soldats
de FAÏENCE
et d'ESCA-
RBOUCL
Ô AMOUR E

CARTE POSTALE
à Jean Royère

Nous sommes bien

  Mais l'auto-bazar qu'on
dit merveilleux
ne vient pas jusqu'ici

LUL

on les
aura

faire suivre

transparente route

France

'ESPONDANCE
LA RÉPUBLIQUE
NCHISE

Saillant

A André Level.

Rapidité attentive à peine un peu d'incertitude
Mais un dragon à pied sans armes
Parmi le vent quand survient la

	S	torpille aérienne	
Salut	A	Le balai de verdure	Grain
Le Rapace	L	T'en souviens-tu	de
	U	Il est ici dans les pierres	blé
	T	Du beau royaume dévasté	

Mais la couleuvre me regarde dressée comme une épée

Vive comme un cheval pif
Un trou d'obus propre comme une salle de bain
    Berger suivi de son troupeau mordoré
      Mais où est un cœur et le svastica
    Aÿ Ancien nom du renom
      Le crapaud chantait les saphirs nocturnes

      Lou   VIVE
      Lou Verzy   LE
                 CAPISTON

Et le long du canal des filles s'en allaient

Guerre

Rameau central de combat
    Contact par l'écoute
On tire dans la direction « des bruits entendus »
Les jeunes de la classe 1915
Et ces fils de fer électrisés
Ne pleurez donc pas sur les horreurs de la guerre
Avant elle nous n'avions que la surface
De la terre et des mers
Après elle nous aurons les abîmes
Le sous-sol et l'espace aviatique
Maîtres du timon
Après après
Nous prendrons toutes les joies
Des vainqueurs qui se délassent
Femmes Jeux Usines Commerce
Industrie Agriculture Métal
Feu Cristal Vitesse
Voix Regard Tact à part
Et ensemble dans le tact venu de loin
De plus loin encore
De l'Au-delà de cette terre

Mutation

Une femme qui pleurait
    Eh! Oh! Ha!
Des soldats qui passaient
    Eh! Oh! Ha!
Un éclusier qui pêchait
    Eh! Oh! Ha!
Les tranchées qui blanchissaient
    Eh! Oh! Ha!
Des obus qui pétaient
    Eh! Oh! Ha!
Des allumettes qui ne prenaient pas
    Et tout
        A tant changé
            En moi
      Tout
         Sauf mon Amour
             Eh! Oh! Ha!

Oracles

Je porte votre bague
Elle est très finement ciselée
Le sifflet me fait plus plaisir
Qu'un palais égyptien
Le sifflet des tranchées
Tu sais
Tout au plus si je n'arrête pas
Les métros et les taxis avec
O Guerre
Multiplication de l'amour

Petit

Sifflet

à 2 trous

Avec un fil
on prend
la mesure
du doigt

14 juin 1915

On ne peut rien dire
Rien de ce qui se passe
Mais on change de Secteur
Ah! voyageur égaré
Pas de lettres
Mais l'espoir
Mais un journal
Le glaive antique de la Marseillaise de Rude
S'est changé en constellation
Il combat pour nous au ciel
Mais cela signifie surtout
Qu'il faut être de ce temps
Pas de glaive antique
Pas de Glaive
Mais l'Espoir

De la batterie de tir

Au maréchal des logis F. Bodard.

Nous sommes ton collier France
Venus des Atlantides ou bien des Négrities
Des Eldorados ou bien des Cimméries
Rivière d'hommes forts et d'obus dont l'orient chatoie
Diamants qui éclosent la nuit
    O Roses ô France
Nous nous pâmons de volupté
A ton cou penché vers l'Est
Nous sommes l'Arc-en-terre
Signe plus pur que l'Arc-en-Ciel
 Signe de nos origines profondes
     Étincelles
O nous les très belles couleurs

Échelon

Grenouilles et rainettes
Crapauds et crapoussins
Ascèse sous les peupliers et les frênes
La reine des près va fleurir
Une petite hutte dans la forêt
Là-bas plus blanche est la blessure

Le Ciel

On tire contre avions
Verdun

Coquelicots
Flacon au col d'or
On a pendu la mort
A la lisière du bois
On a pendu la mort
Et ses beaux seins dorés
Se montrent tour à tour

L'orvet
Le sac à malice
La trousse à boutons

O rose toujours vive
O France
Embaume les espoirs d'une armée qui halète

Le Loriot chante

N'est-ce pas rigolo

Enfin une plume d'épervier

Vers le Sud

Zénith
     Tous ces regrets
               Ces jardins sans limite
Où le crapaud module un tendre cri d'azur
La biche du silence éperdu passe vite
Un rossignol meurtri par l'amour chante sur
Le rosier de ton corps dont j'ai cueilli les roses
Nos cœurs pendent ensemble au même grenadier
Et les fleurs de grenade en nos regards écloses
En tombant tour à tour ont jonché le sentier

Les soupirs du servant de Dakar

C'est dans la cagnat en rondins voilés d'osier
Auprès des canons gris tournés vers le nord
Que je songe au village africain
Où l'on dansait où l'on chantait où l'on faisait l'amour
Et de longs discours
Nobles et joyeux

Je revois mon père qui se battit
Contre les Achantis
Au service des Anglais
Je revois ma sœur au rire en folie
Aux seins durs comme des obus
Et je revois
Ma mère la sorcière qui seule du village
Méprisait le sel
Piler le millet dans un mortier
Je me souviens du si délicat si inquiétant
Fétiche dans l'arbre
Et du double fétiche de la fécondité
Plus tard une tête coupée
Au bord d'un marécage
O pâleur de mon ennemi
C'était une tête d'argent
Et dans le marais
C'était la lune qui luisait

C'était donc une tête d'argent
Là-haut c'était la lune qui dansait
C'était donc une tête d'argent
Et moi dans l'antre j'étais invisible
C'était donc une tête de nègre dans la nuit profonde
  Similitudes Pâleurs
  Et ma sœur
  Suivit plus tard un tirailleur
   Mort à Arras

 Si je voulais savoir mon âge
  Il faudrait le demander à l'évêque
  Si doux si doux avec ma mère
  De beurre de beurre avec ma sœur
  C'était dans une petite cabane
Moins sauvage que notre cagnat de canonniers-servants
  J'ai connu l'affût au bord des marécages
  Où la girafe boit les jambes écartées
J'ai connu l'horreur de l'ennemi qui dévaste
   Le Village
   Viole les femmes
   Emmène les filles
Et les garçons dont la croupe dure sursaute
J'ai porté l'administrateur des semaines
   De village en village
   En chantonnant
  Et je fus domestique à Paris
    Je ne sais pas mon âge
   Mais au recrutement
   On m'a donné vingt ans
  Je suis soldat français on m'a blanchi du coup
  Secteur 59 je ne peux pas dire où
Pourquoi donc être blanc est-ce mieux qu'être noir

Pourquoi ne pas danser et discourir
        Manger et puis dormir
Et nous tirons sur les ravitaillements boches
Ou sur les fils de fer devant les bobosses
Sous la tempête métallique
        Je me souviens d'un lac affreux
Et de couples enchaînés par un atroce amour
            Une nuit folle
        Une nuit de sorcellerie
        Comme cette nuit-ci
    Où tant d'affreux regards
    Éclatent dans le ciel splendide

Toujours

A Madame Faure-Favier.

Toujours
Nous irons plus loin sans avancer jamais

Et de planète en planète
De nébuleuse en nébuleuse
Le don Juan des mille et trois comètes
Même sans bouger de la terre
Cherche les forces neuves
Et prend au sérieux les fantômes

Et tant d'univers s'oublient
Quels sont les grands oublieurs
Qui donc saura nous faire oublier telle ou telle partie
du monde
Où est le Christophe Colomb à qui l'on devra l'oubli
d'un continent

Perdre
Mais perdre vraiment
Pour laisser place à la trouvaille
Perdre
La vie pour trouver la Victoire

Fête

A André Rouveyre.

Feu d'artifice en acier
Qu'il est charmant cet éclairage
   Artifice d'artificier
Mêler quelque grâce au courage

Deux fusants
Rose éclatement
Comme deux seins que l'on dégrafe
Tendent leurs bouts insolemment
IL SUT AIMER
          quelle épitaphe

Un poète dans la forêt
Regarde avec indifférence
   Son revolver au cran d'arrêt
Des roses mourir d'espérance

Il songe aux roses de Saadi
Et soudain sa tête se penche
Car une rose lui redit
La molle courbe d'une hanche

L'air est plein d'un terrible alcool
Filtré des étoiles mi-closes
Les obus caressent le mol
Parfum nocturne où tu reposes
    Mortification des roses

Madeleine

Dans le village arabe

Des Souuenirs

mais il y a d'autres Chansons

Bonjour mon poëte.

Je me Souviens de votre voix

Votre hé li te fée

de votre voix

Photographie tant attendue

Far tiz rose

Les saisons

C'était un temps béni nous étions sur les plages
Va-t'en de bon matin pieds nus et sans chapeau
Et vite comme va la langue d'un crapaud
L'amour blessait au cœur les fous comme les sages

As-tu connu Guy au galop
Du temps qu'il était militaire
As-tu connu Guy au galop
Du temps qu'il était artiflot
A la guerre

C'était un temps béni Le temps du vaguemestre
On est bien plus serré que dans les autobus
Et des astres passaient que singeaient les obus
Quand dans la nuit survint la batterie équestre

As-tu connu Guy au galop
Du temps qu'il était militaire
As-tu connu Guy au galop
Du temps qu'il était artiflot
A la guerre

C'était un temps béni Jours vagues et nuits vagues
Les marmites donnaient aux rondins des cagnats

Quelque aluminium où tu t'ingénias
A limer jusqu'au soir d'invraisemblables bagues

              As-tu connu Guy au galop
            Du temps qu'il était militaire
              As-tu connu Guy au galop
            Du temps qu'il était artiflot
                    A la guerre

C'était un temps béni La guerre continue
Les Servants ont limé la bague au long des mois
Le Conducteur écoute abrité dans les bois
La chanson que répète une étoile inconnue

              As-tu connu Guy au galop
            Du temps qu'il était militaire
              As-tu connu Guy au galop
            Du temps qu'il était artiflot
                    A la guerre

Halte Là

Qui vive

France

Avance au ralliement

Halte là

Le Mot

Claire - Ville - Neuve - En - Cristal - Éternel

fo les allontanando

Cantato {

Ah! mon Dieu m'quiot' fille

L'homme qu'j'ai

C'est enn' mouqu'dans d' l'huile

Tout à fouait

Couple des marais   les turquoises

Hennissements partout

Amour sacré amour de la Patrie

Le général

Il était Antisthène et c'était Fabius

La nuit d'avril 1915

A L. de C.-C.

Le ciel est étoilé par les obus des Boches
La forêt merveilleuse où je vis donne un bal
La mitrailleuse joue un air à triples-croches
Mais avez-vous le mot
                        Eh! oui le mot fatal
Aux créneaux Aux créneaux Laissez là les pioches

Comme un astre éperdu qui cherche ses saisons
Cœur obus éclaté tu sifflais ta romance
Et tes mille soleils ont vidé les caissons
Que les dieux de mes yeux remplissent en silence

Nous vous aimons ô vie et nous vous agaçons

Les obus miaulaient un amour à mourir
Un amour qui se meurt est plus doux que les autres
Ton souffle nage au fleuve où le sang va tarir
Les obus miaulaient
                    Entends chanter les nôtres
Pourpre amour salué par ceux qui vont périr

Le printemps tout mouillé la veilleuse l'attaque
Il pleut mon âme il pleut mais il pleut des yeux morts

Ulysse que de jours pour rentrer dans Ithaque
Couche-toi sur la paille et songe un beau remords
Qui pur effet de l'art soit aphrodisiaque

Mais
     orgues
          aux fétus de la paille où tu dors
L'hymne de l'avenir est paradisiaque

LUEURS DES TIRS

La grâce exilée

Va-t'en va-t'en mon arc-en-ciel
Allez-vous-en couleurs charmantes
Cet exil t'est essentiel
Infante aux écharpes changeantes

Et l'arc-en-ciel est exilé
Puisqu'on exile qui l'irise
Mais un drapeau s'est envolé
Prendre ta place au vent de bise

La boucle retrouvée

Il retrouve dans sa mémoire
La boucle de cheveux châtains
T'en souvient-il à n'y point croire
De nos deux étranges destins

Du boulevard de la Chapelle
Du joli Montmartre et d'Auteuil
Je me souviens murmure-t-elle
Du jour où j'ai franchi ton seuil

Il y tomba comme un automne
La boucle de mon souvenir
Et notre destin qui t'étonne
Se joint au jour qui va finir

Refus de la colombe

Mensonge de l'Annonciade
La Noël fut la Passion
Et qu'elle était charmante et sade
Cette renonciation

Si la colombe poignardée
Saigne encore de ses refus
J'en plume les ailes l'idée
Et le poème que tu fus

Les feux du bivouac

Les feux mouvants du bivouac
Éclairent des formes de rêve
Et le songe dans l'entrelacs
Des branches lentement s'élève

Voici les dédains du regret
Tout écorché comme une fraise
Le souvenir et le secret
Dont il ne reste que la braise

Les grenadines repentantes

En est-il donc deux dans Grenade
Qui pleurent sur ton seul péché
Ici l'on jette la grenade
Qui se change en un œuf coché

Puisqu'il en naît des coqs Infante
Entends-les chanter leurs dédains
Et que la grenade est touchante
Dans nos effroyables jardins

Tourbillon de mouches

Un cavalier va dans la plaine
La jeune fille pense à lui
Et cette flotte à Mytilène
Le fil de fer est là qui luit

Comme ils cueillaient la rose ardente
Leurs yeux tout à coup ont fleuri
Mais quel soleil la bouche errante
A qui la bouche avait souri

L'adieu du cavalier

Ah Dieu! que la guerre est jolie
Avec ses chants ses longs loisirs
Cette bague je l'ai polie
Le vent se mêle à vos soupirs

Adieu! voici le boute-selle
Il disparut dans un tournant
Et mourut là-bas tandis qu'elle
Riait au destin surprenant

Le palais du tonnerre

Par l'issue ouverte sur le boyau dans la craie
En regardant la paroi adverse qui semble en nougat
On voit à gauche et à droite fuir l'humide couloir
    désert
Où meurt étendue une pelle à la face effrayante à deux
    yeux réglementaires qui servent à l'attacher sous les
    caissons
Un rat y recule en hâte tandis que j'avance en hâte
Et le boyau s'en va couronné de craie semé de
    branches
Comme un fantôme creux qui met du vide où il passe
    blanchâtre
Et là-haut le toit est bleu et couvre bien le regard
    fermé par quelques lignes droites
Mais en deçà de l'issue c'est le palais bien nouveau et
    qui paraît ancien
Le plafond est fait de traverses de chemin de fer
Entre lesquelles il y a des morceaux de craie et des
    touffes d'aiguilles de sapin
Et de temps en temps des débris de craie tombent
    comme des morceaux de vieillesse
A côté de l'issue que ferme un tissu lâche d'une espèce
    qui sert généralement aux emballages
Il y a un trou qui tient lieu d'âtre et ce qui y brûle est
    un feu semblable à l'âme

Tant il tourbillonne et tant il est inséparable de ce qu'il
    dévore et fugitif
Les fils de fer se tendent partout servant de sommier
    supportant des planches
Ils forment aussi des crochets et l'on y suspend mille
    choses
Comme on fait à la mémoire
Des musettes bleues des casques bleus des cravates
    bleues des vareuses bleues
Morceaux du ciel tissus des souvenirs les plus purs
Et il flotte parfois en l'air de vagues nuages de craie

Sur la planche brillent des fusées détonateurs joyaux
    dorés à tête émaillée
Noirs blancs rouges
Funambules qui attendent leur tour de passer sur les
    trajectoires
Et font un ornement mince et élégant à cette demeure
    souterraine
Ornée de six lits placés en fer à cheval
Six lits couverts de riches manteaux bleus

Sur le palais il y a un haut tumulus de craie
Et des plaques de tôle ondulée
Fleuve figé de ce domaine idéal
Mais privé d'eau car ici il ne roule que le feu jailli de la
    mélinite
Le parc aux fleurs de fulminate jaillit des trous penchés
Tas de cloches aux doux sons des douilles rutilantes
Sapins élégants et petits comme en un paysage japonais
Le palais s'éclaire parfois d'une bougie à la flamme
    aussi petite qu'une souris
O palais minuscule comme si on te regardait par le
    gros bout d'une lunette

Petit palais où tout s'assourdit
Petit palais où tout est neuf rien rien d'ancien
Et où tout est précieux où tout le monde est vêtu
   comme un roi
Une selle est dans un coin à cheval sur une caisse
Un journal du jour traîne par terre
Et cependant tout paraît vieux dans cette neuve demeure
Si bien qu'on comprend que l'amour de l'antique
Le goût de l'anticaille
Soit venu aux hommes dès le temps des cavernes
Tout y était si précieux et si neuf
Tout y est si précieux et si neuf
Qu'une chose plus ancienne ou qui a déjà servi y appa-
   raît
               Plus précieuse
Que ce qu'on a sous la main
Dans ce palais souterrain creusé dans la craie si blanche
   et si neuve
Et deux marches neuves
            Elles n'ont pas deux semaines
Sont si vieilles et si usées dans ce palais qui semble
   antique sans imiter l'antique
Qu'on voit que ce qu'il y a de plus simple de plus neuf
   est ce qui est
Le plus près de ce que l'on appelle la beauté antique
Et ce qui est surchargé d'ornements
A besoin de vieillir pour avoir la beauté qu'on appelle
   antique
Et qui est la noblesse la force l'ardeur l'âme l'usure
De ce qui est neuf et qui sert
Surtout si cela est simple simple
Aussi simple que le petit palais du tonnerre

Photographie

Ton sourire m'attire comme
Pourrait m'attirer une fleur
Photographie tu es le champignon brun
De la forêt
Qu'est sa beauté
Les blancs y sont
Un clair de lune
Dans un jardin pacifique
Plein d'eaux vives et de jardiniers endiablés
Photographie tu es la fumée de l'ardeur
Qu'est sa beauté
Et il y a en toi
Photographie
Des tons alanguis
On y entend
Une mélopée
Photographie tu es l'ombre
Du Soleil
Qu'est sa beauté

L'inscription anglaise

C'est quelque chose de si ténu de si lointain
Que d'y penser on arrive à le trop matérialiser
Forme limitée par la mer bleue
Par la rumeur d'un train en marche
Par l'odeur des eucalyptus des mimosas
Et des pins maritimes

Mais le contact et la saveur

Et cette petite voyageuse alerte inclina brusquement la
  tête sur le quai de la gare à Marseille
                    Et s'en alla
                    Sans savoir
Que son souvenir planerait
Sur un petit bois de la Champagne où un soldat s'ef-
  force
Devant le feu d'un bivouac d'évoquer cette apparition
A travers la fumée d'écorce de bouleau
Qui sent l'encens minéen
Tandis que les volutes bleuâtres qui montent
D'un cigare écrivent le plus tendre des noms
Mais les nœuds de couleuvres en se dénouant
Écrivent aussi le nom émouvant
Dont chaque lettre se love en belle anglaise

Et le soldat n'ose point achever
Le jeu de mots bilingue que ne manque point de sus-
    citer
Cette calligraphie sylvestre et vernale

Dans l'abri-caverne

Je me jette vers toi et il me semble aussi que tu te jettes
vers moi
Une force part de nous qui est un feu solide qui nous
soude
Et puis il y a aussi une contradiction qui fait que nous
ne pouvons nous apercevoir
En face de moi la paroi de craie s'effrite
Il y a des cassures
De longues traces d'outils traces lisses et qui semblent
être faites dans de la stéarine
Des coins de cassures sont arrachés par le passage des
types de ma pièce
Moi j'ai ce soir une âme qui s'est creusée qui est vide
On dirait qu'on y tombe sans cesse et sans trouver de
fond
Et qu'il n'y a rien pour se raccrocher
Ce qui y tombe et qui y vit c'est une sorte d'êtres laids
qui me font mal et qui viennent de je ne sais où
Oui je crois qu'ils viennent de la vie d'une sorte de vie
qui est dans l'avenir dans l'avenir brut qu'on n'a pu
encore cultiver ou élever ou humaniser
Dans ce grand vide de mon âme il manque un soleil
il manque ce qui éclaire
C'est aujourd'hui c'est ce soir et non toujours
Heureusement que ce n'est que ce soir

124

Les autres jours je me rattache à toi
Les autres jours je me console de la solitude et de toutes
    les horreurs
En imaginant ta beauté
Pour l'élever au-dessus de l'univers extasié
Puis je pense que je l'imagine en vain
Je ne la connais par aucun sens
Ni même par les mots
Et mon goût de la beauté est-il donc aussi vain
Existes-tu mon amour
Ou n'es-tu qu'une entité que j'ai créée sans le vouloir
Pour peupler la solitude
Es-tu une de ces déesses comme celles que les Grecs
    avaient douées pour moins s'ennuyer
Je t'adore ô ma déesse exquise même si tu n'es que
    dans mon imagination

Fusée

La boucle des cheveux noirs de ta nuque est mon trésor
Ma pensée te rejoint et la tienne la croise
Tes seins sont les seuls obus que j'aime
Ton souvenir est la lanterne de repérage qui nous sert
    à pointer la nuit

En voyant la large croupe de mon cheval j'ai pensé à tes
    hanches

Voici les fantassins qui s'en vont à l'arrière en lisant un
    journal

Le chien du brancardier revient avec une pipe dans sa
    gueule

Un chat-huant ailes fauves yeux ternes gueule de petit
    chat et pattes de chat

Une souris verte file parmi la mousse

Le riz a brûlé dans la marmite de campement
Ça signifie qu'il faut prendre garde à bien des choses

Le mégaphone crie
Allongez le tir

Allongez le tir amour de vos batteries

Balance des batteries lourdes cymbales
Qu'agitent les chérubins fous d'amour
En l'honneur du Dieu des Armées

Un arbre dépouillé sur une butte

Le bruit des tracteurs qui grimpent dans la vallée

O vieux monde du XIXe siècle plein de hautes cheminées
si belles et si pures

Virilités du siècle où nous sommes
O canons

Douilles éclatantes des obus de 75
Carillonnez pieusement

Désir

Mon désir est la région qui est devant moi
Derrière les lignes boches
Mon désir est aussi derrière moi
Après la zone des armées

Mon désir c'est la butte du Mesnil
Mon désir est là sur quoi je tire
De mon désir qui est au-delà de la zone des armées
Je n'en parle pas aujourd'hui mais j'y pense

Butte du Mesnil je t'imagine en vain
Des fils de fer des mitrailleuses des ennemis trop sûrs
    d'eux
Trop enfoncés sous terre déjà enterrés

Ca ta clac des coups qui meurent en s'éloignant

En y veillant tard dans la nuit
Le Decauville qui toussote
La tôle ondulée sous la pluie
Et sous la pluie ma bourguignotte

Entends la terre véhémente
Vois les lueurs avant d'entendre les coups

Et tel obus siffler de la démence
Ou le tac tac tac monotone et bref plein de dégoût

Je désire
Te serrer dans ma main Main de Massiges
Si décharnée sur la carte
Le boyau Gœthe où j'ai tiré
J'ai tiré même sur le boyau Nietzsche
Décidément je ne respecte aucune gloire
Nuit violente et violette et sombre et pleine d'or par
    moments
Nuit des hommes seulement

Nuit du 24 septembre
Demain l'assaut
Nuit violente ô nuit dont l'épouvantable cri profond
    devenait plus intense de minute en minute
Nuit qui criait comme une femme qui accouche
Nuit des hommes seulement

Chant de l'horizon en Champagne

A M. Joseph Granié.

Voici le tétin rose de l'euphorbe verruquée
Voici le nez des soldats invisibles
Moi l'horizon invisible je chante
Que les civils et les femmes écoutent ces chansons
Et voici d'abord la cantilène du brancardier blessé

> Le sol est blanc la nuit l'azure
> Saigne la crucifixion
> Tandis que saigne la blessure
> Du soldat de Promission

> Un chien jappait l'obus miaule
> La lueur muette a jailli
> A savoir si la guerre est drôle
> Les masques n'ont pas tressailli

> Mais quel fou rire sous le masque
> Blancheur éternelle d'ici
> Où la colombe porte un casque
> Et l'acier s'envole aussi

Je suis seul sur le champ de bataille
Je suis la tranchée blanche le bois vert et roux
L'obus miaule

Je te tuerai
Animez-vous fantassins à passepoil jaune
Grands artilleurs roux comme des taupes
Bleu-de-roi comme les golfes méditerranéens
Veloutés de toutes les nuances du velours
Ou mauves encore ou bleu-horizon comme les autres
Ou déteints
Venez le pot en tête
Debout fusée éclairante
Danse grenadier en agitant tes pommes de pin
Alidades des triangles de visée pointez-vous sur les
    lueurs
Creusez des trous enfants de 20 ans creusez des trous
        Sculptez les profondeurs
Envolez-vous essaims des avions blonds ainsi que les
    avettes
Moi l'horizon je fais la roue comme un grand Paon
Écoutez renaître les oracles qui avaient cessé
        Le grand Pan est ressuscité
Champagne viril qui émoustille la Champagne
Hommes faits jeunes gens
Caméléon des autos-canons
Et vous classe 16
Craquements des arrivées ou bien floraison blanche
    dans les cieux
J'étais content pourtant ça brûlait la paupière
Les officiers captifs voulaient cacher leurs noms
Œil du Breton blessé couché sur la civière
Et qui criait aux morts aux sapins aux canons
Priez pour moi Bon Dieu je suis le pauvre Pierre

        Boyaux et rumeur du canon
        Sur cette mer aux blanches vagues

Fou stoïque comme Zénon
Pilote du cœur tu zigzagues

Petites forêts de sapins
La nichée attend la becquée
Pointe-t-il des nez de lapins
Comme l'euphorbe verruquée

Ainsi que l'euphorbe d'ici
Le soleil à peine boutonne
Je l'adore comme un Parsi
Ce tout petit soleil d'automne

Un fantassin presque un enfant
Bleu comme le jour qui s'écoule
Beau comme mon cœur triomphant
Disait en metttant sa cagoule

Tandis que nous n'y sommes pas
Que de filles deviennent belles
Voici l'hiver et pas à pas
Leur beauté s'éloignera d'elles

O Lueurs soudaines des tirs
Cette beauté que j'imagine
Faute d'avoir des souvenirs
Tire de vous son origine

Car elle n'est rien que l'ardeur
De la bataille violente
Et de la terrible lueur
Il s'est fait une muse ardente

Il regarde longtemps l'horizon
Couteaux tonneaux d'eaux
Des lanternes allumées se sont croisées
Moi l'horizon je combattrai pour la victoire

Je suis l'invisible qui ne peut disparaître
Je suis comme l'onde
Allons ouvrez les écluses que je me précipite et renverse
   tout

Océan de terre

A G. de Chirico.

J'ai bâti une maison au milieu de l'Océan
Ses fenêtres sont les fleuves qui s'écoulent de mes
   yeux
Des poulpes grouillent partout où se tiennent les mu-
   railles
Entendez battre leur triple cœur et leur bec cogner
   aux vitres
               Maison humide
               Maison ardente
               Saison rapide
               Saison qui chante
          Les avions pondent des œufs
          Attention on va jeter l'ancre
Attention à l'encre que l'on jette
Il serait bon que vous vinssiez du ciel
Le chèvrefeuille du ciel grimpe
Les poulpes terrestres palpitent
Et puis nous sommes tant et tant à être nos propres
   fossoyeurs
Pâles poulpes des vagues crayeuses ô poulpes aux becs
   pâles
Autour de la maison il y a cet océan que tu connais
Et qui ne repose jamais

OBUS COULEUR DE LUNE

Merveille de la guerre

Que c'est beau ces fusées qui illuminent la nuit
Elles montent sur leur propre cime et se penchent
  pour regarder
Ce sont des dames qui dansent avec leurs regards pour
  yeux bras et cœurs

J'ai reconnu ton sourire et ta vivacité

C'est aussi l'apothéose quotidienne de toutes mes Béré-
  nices dont les chevelures sont devenues des comètes
Ces danseuses surdorées appartiennent à tous les temps
  et à toutes les races
Elles accouchent brusquement d'enfants qui n'ont que
  le temps de mourir

Comme c'est beau toutes ces fusées
Mais ce serait bien plus beau s'il y en avait plus encore
S'il y en avait des millions qui auraient un sens complet
  et relatif comme les lettres d'un livre
Pourtant c'est aussi beau que si la vie même sortait des
  mourants

Mais ce serait plus beau encore s'il y en avait plus
  encore

Cependant je les regarde comme un beauté qui s'offre
    et s'évanouit aussitôt
Il me semble assister à un grand festin éclairé a giorno
C'est un banquet que s'offre la terre
Elle a faim et ouvre de longues bouches pâles
La terre a faim et voici son festin de Balthasar canni-
    bale

Qui aurait dit qu'on pût être à ce point anthropophage
Et qu'il fallût tant de feu pour rôtir le corps humain
C'est pourquoi l'air a un petit goût empyreumatique
    qui n'est ma foi pas désagréable
Mais le festin serait plus beau encore si le ciel y mangeait
    avec la terre
Il n'avale que les âmes
Ce qui est une façon de ne pas se nourrir
Et se contente de jongler avec des feux versicolores

Mais j'ai coulé dans la douceur de cette guerre avec
    toute ma compagnie au long des longs boyaux
Quelques cris de flamme annoncent sans cesse ma
    présence
J'ai creusé le lit où je coule en me ramifiant en mille
    petits fleuves qui vont partout
Je suis dans la tranchée de première ligne et cependant
    je suis partout ou plutôt je commence à être partout
C'est moi qui commence cette chose des siècles à venir
Ce sera plus long à réaliser que non la fable d'Icare
    volant

Je lègue à l'avenir l'histoire de Guillaume Apollinaire
Qui fut à la guerre et sut être partout

Dans les villes heureuses de l'arrière
Dans tout le reste de l'univers
Dans ceux qui meurent en piétinant dans le barbelé
Dans les femmes dans les canons dans les chevaux
Au zénith au nadir aux 4 points cardinaux
Et dans l'unique ardeur de cette veillée d'armes

Et ce serait sans doute bien plus beau
Si je pouvais supposer que toutes ces choses dans les-
    quelles je suis partout
Pouvaient m'occuper aussi
Mais dans ce sens il n'y a rien de fait
Car si je suis partout à cette heure il n'y a cependant
    que moi qui suis en moi

Exercice

Vers un village de l'arrière
S'en allaient quatre bombardiers
Ils étaient couverts de poussière
Depuis la tête jusqu'aux pieds

Ils regardaient la vaste plaine
En parlant entre eux du passé
Et ne se retournaient qu'à peine
Quand un obus avait toussé

Tous quatre de la classe seize
Parlaient d'antan non d'avenir
Ainsi se prolongeait l'ascèse
Qui les exerçait à mourir

A l'Italie

A Ardengo Soffici.

L'amour a remué ma vie comme on remue la terre
   dans la zone des armées
J'atteignais l'âge mûr quand la guerre arriva
Et dans ce jour d'août 1915 le plus chaud de l'année
Bien abrité dans l'hypogée que j'ai creusé moi-même
C'est à toi que je songe Italie mère de mes pensées

Et déjà quand von Kluck marchait sur Paris avant la
   Marne
J'évoquais le sac de Rome par les Allemands
Le sac de Rome qu'ont décrit
Un Bonaparte le vicaire espagnol Delicado et l'Arétin
Je me disais
Est-il possible que la nation
Qui est la mère de la civilisation
Regarde sans la défendre les efforts qu'on fait pour la
   détruire

Puis les temps sont venus les tombes se sont ouvertes
Les fantômes des Esclaves toujours frémissants
Se sont dressés en criant SUS AUX TUDESQUES
Nous l'armée invisible aux cris éblouissants
Plus doux que n'est le miel et plus simples qu'un peu
   de terre

141

Nous te tournons bénignement le dos Italie
Mais ne t'en fais pas nous t'aimons bien
Italie mère qui es aussi notre fille

Nous sommes là tranquillement et sans tristesse
Et si malgré les masques les sacs de sable les rondins
    nous tombions
Nous savons qu'un autre prendrait notre place
Et que les Armées ne périront jamais

Les mois ne sont pas longs ni les jours ni les nuits
C'est la guerre qui est longue

Italie
Toi notre mère et notre fille quelque chose comme une
    sœur
J'ai comme toi pour me réconforter
Le quart de pinard
Qui met tant de différence entre nous et les Boches
J'ai aussi comme toi l'envol des compagnies de per-
    dreaux des 75
Comme toi je n'ai pas cet orgueil sans joie des Boches
    et je sais rigoler
Je ne suis pas sentimental à l'excès comme le sont ces
    gens sans mesure que leurs actions dépassent sans
    qu'ils sachent s'amuser
Notre civilisation a plus de finesse que les choses qu'ils
    emploient
Elle est au-delà de la vie confortable
Et de ce qui est l'extérieur dans l'art et l'industrie
Les fleurs sont nos enfants et non les leurs
Même la fleur de lys qui meurt au Vatican

La plaine est infinie et les tranchées sont blanches
Les avions bourdonnent ainsi que des abeilles
Sur les roses momentanées des éclatements
Et les nuits sont parées de guirlandes d'éblouissements
De bulles de globules aux couleurs insoupçonnées

Nous jouissons de tout même de nos souffrances
Notre humeur est charmante l'ardeur vient quand il faut
Nous sommes narquois car nous savons faire la part
    des choses
Et il n'y a pas plus de folie chez celui qui jette les gre-
    nades que chez celui qui plume les patates
Tu aimes un peu plus que nous les gestes et les mots
    sonores
Tu as à ta disposition les sortilèges étrusques le sens
    de la majesté héroïque et le courageux honneur
    individuel
Nous avons le sourire nous devinons ce qu'on ne nous
    dit pas nous sommes démerdards et même ceux
    qui se dégonflent sauraient à l'occasion faire preuve
    de l'esprit de sacrifice qu'on appelle la bravoure
Et nous fumons du gros avec volupté

C'est la nuit je suis dans mon blockhaus éclairé par
    l'électricité en bâton
Je pense à toi pays des 2 volcans
Je salue le souvenir des sirènes et des scylles mortes
    au moment de Messine
Je salue le Colleoni équestre de Venise
Je salue la chemise rouge
Je t'envoie mes amitiés Italie et m'apprête à applaudir
    aux hauts faits de ta bleusaille

Non parce que j'imagine qu'il y aura jamais plus de
  bonheur ou de malheur en ce monde
Mais parce que comme toi j'aime à penser seul et que
  les Boches m'en empêcheraient
Mais parce que le goût naturel de la perfection que
  nous avons l'un et l'autre si on les laissait faire
  serait vite remplacé par je ne sais quelles commo-
  dités dont je n'ai que faire
Et surtout parce que comme toi je sais je veux choisir
  et qu'eux voudraient nous forcer à ne plus choisir
Une même destinée nous lie en cette occase

Ce n'est pas pour l'ensemble que je le dis
Mais pour chacun de toi Italie

Ne te borne point à prendre les terres irrédentes
Mets ton destin dans la balance où est la nôtre

Les réflecteurs dardent leurs lueurs comme des yeux
  d'escargots
Et les obus en tombant sont des chiens qui jettent
  de la terre avec leurs pattes après avoir fait leurs
  besoins

Notre armée invisible est une belle nuit constellée
Et chacun de nos hommes est un astre merveilleux

        O nuit ô nuit éblouissante
    Les morts sont avec nos soldats
    Les morts sont debout dans les tranchées

Ou se glissent souterrainement vers les Bien-Aimées
O Lille Saint-Quentin Laon Maubeuge Vouziers
Nous jetons nos villes comme des grenades
Nos fleuves sont brandis comme des sabres
Nos montagnes chargent comme cavalerie

Nous reprendrons les villes les fleuves et les collines
De la frontière helvétique aux frontières bataves
            Entre toi et nous Italie
        Il y a des patelins pleins de femmes
        Et près de toi m'attend celle que j'adore
            O Frères d'Italie

        Ondes nuages délétères
Métalliques débris qui vous rouillez partout
O frères d'Italie vos plumes sur la tête
                Italie
Entends crier Louvain vois Reims tordre ses bras
Et ce soldat blessé toujours debout Arras

Et maintenant chantons ceux qui sont morts
            Ceux qui vivent
        Les officiers les soldats
Les flingots Rosalie le canon la fusée l'hélice la pelle
    les chevaux
        Chantons les bagues pâles les casques
        Chantons ceux qui sont morts
        Chantons la terre qui bâille d'ennui
        Chantons et rigolons
        Durant des années
                Italie

Entends braire l'âne boche
Faisons la guerre à coups de fouets
Faits avec les rayons du soleil
                Italie
Chantons et rigolons
Durant des années

La traversée

Du joli bateau de Port-Vendres
Tes yeux étaient les matelots
Et comme les flots étaient tendres
Dans les parages de Palos

Que de sous-marins dans mon âme
Naviguent ct vont l'attendant
Le superbe navire où clame
Le chœur de ton regard ardent

Il y a

Il y a un vaisseau qui a emporté ma bien-aimée

Il y a dans le ciel six saucisses et la nuit venant on dirait
des asticots dont naîtraient les étoiles

Il y a un sous-marin ennemi · qui en voulait à mon
amour

Il y a mille petits sapins brisés par les éclats d'obus
autour de moi

Il y a un fantassin qui passe aveuglé par les gaz
asphyxiants

Il y a que nous avons tout haché dans les boyaux de
Nietzsche de Gœthe et de Cologne

Il y a que je languis après une lettre qui tarde

Il y a dans mon porte-cartes plusieurs photos de mon
amour

Il y a les prisonniers qui passent la mine inquiète

Il y a une batterie dont les servants s'agitent autour
des pièces

Il y a le vaguemestre qui arrive au trot par le chemin
de l'Arbre isolé

Il y a dit-on un espion qui rôde par ici invisible comme
l'horizon dont il s'est indignement revêtu et avec
quoi il se confond

Il y a dressé comme un lys le buste de mon amour

Il y a un capitaine qui attend avec anxiété les commu-
nications de la T. S. F. sur l'Atlantique

Il y a à minuit des soldats qui scient des planches pour
les cercueils
Il y a des femmes qui demandent du maïs à grands cris
devant un Christ sanglant à Mexico
Il y a le Gulf Stream qui est si tiède et si bienfaisant
Il y a un cimetière plein de croix à 5 kilomètres
Il y a des croix partout de-ci de-là
Il y a des figues de Barbarie sur ces cactus en Algérie
Il y a les longues mains souples de mon amour
Il y a un encrier que j'avais fait dans une fusée de
15 centimètres et qu'on n'a pas laissé partir
Il y a ma selle exposée à la pluie
Il y a les fleuves qui ne remontent pas leurs cours
Il y a l'amour qui m'entraîne avec douceur
Il y avait un prisonnier boche qui portait sa mitrail-
leuse sur son dos
Il y a des hommes dans le monde qui n'ont jamais
été à la guerre
Il y a des Hindous qui regardent avec étonnement les
campagnes occidentales
Ils pensent avec mélancolie à ceux dont ils se demandent
s'ils les reverront
Car on a poussé très loin durant cette guerre l'art de
l'invisibilité

L'espionne

Pale espionne de l'Amour
Ma mémoire à peine fidèle
N'eut pour observer cette belle
Forteresse qu'une heure un jour

Tu te déguises
        A ta guise
Mémoire espionne du cœur
Tu ne retrouves plus l'exquise
Ruse et le cœur seul est vainqueur

Mais la vois-tu cette mémoire
Les yeux bandés prête à mourir
Elle affirme qu'on peut l'en croire
Mon cœur vaincra sans coup férir

Le chant d'amour

Voici de quoi est fait le chant symphonique de l'amour
Il y a le chant de l'amour de jadis
Le bruit des baisers éperdus des amants illustres
Les cris d'amour des mortelles violées par les dieux
Les virilités des héros fabuleux érigées comme des pièces
   contre avions
Le hurlement précieux de Jason
Le chant mortel du cygne
Et l'hymne victorieux que les premiers rayons du soleil
   ont fait chanter à Memnon l'immobile
Il y a le cri des Sabines au moment de l'enlèvement
Il y a aussi les cris d'amour des félins dans les jongles
La rumeur sourde des sèves montant dans les plantes
   tropicales
Le tonnerre des artilleries qui accomplissent le terrible
   amour des peuples
Les vagues de la mer où naît la vie et la beauté

Il y a là le chant de tout l'amour du monde

Aussi bien que les cigales

<pre>
gens du Midi   ne savez pas   M
gens du mi   creuser que   ais
di vous n'   vous ne sa   vous
avez donc   vez pas vous   savez
pas regar   éclairer ni   encore
dé les ciga   voir Que vous   boire com le jour
les que vous manque-t-il   me les ci de gloire
        donc pour   gales ô   se
        voir aus   gens du Mi   c   ra
        si bien   di gens du reusez   ce
        que les   soleil gens qui voyez bu lui
        ciga   devriez savoir vez pissez où
        les   creuser et voir   comme   vous
            aussi bien pour le   les ciga sau
            moins aussi bien   les   rez
        que les cigales   creu
    Eh quoi! vous savez   gens du Midi il faut   ser
    boire et ne savez   creuser voir boire   pour
    plus pisser utile   pisser aussi bien que bien
    ment comme les   les cigales   sor
cigales   LA JOIE   pour chan   tir
                 ADORABLE   ter com   au
                 DE LA PAIX   me elles   so
                 SOLAIRE   leil
</pre>

Simultanéités

Les canons tonnent dans la nuit
On dirait des vagues tempête
Des cœurs où pointe un grand ennui
Ennui qui toujours se répète

Il regarde venir là-bas
Les prisonniers L'heure est si douce
Dans ce grand bruit ouaté très bas
Très bas qui grandit sans secousse

Il tient son casque dans ses mains
Pour saluer la souvenance
Des lys des roses des jasmins
Éclos dans les jardins de France

Et sous la cagoule masqué
Il pense à des cheveux si sombres
Mais qui donc l'attend sur le quai
O vaste mer aux mauves ombres

Belles noix du vivant noyer
La grand folie en vain vous gaule
Brunette écoute gazouiller
La mésange sur ton épaule

Notre amour est une lueur
Qu'un projecteur du cœur dirige
Vers l'ardeur égale du cœur
Qui sur le haut Phare s'érige

O phare-fleur mes souvenirs
Les cheveux noirs de Madeleine
Les atroces lueurs des tirs
Ajoutent leur clarté soudaine
A tes beaux yeux ô Madeleine

Du coton dans les oreilles

Tant d'explosifs sur le point **VIF** !

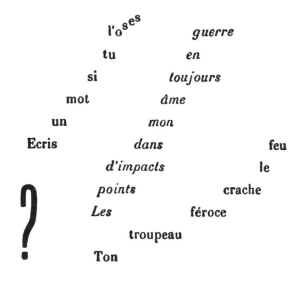

l'oses   guerre

tu   en

si   toujours

mot   âme

un   mon

Ecris   dans   feu

d'impacts   le

points   crache

Les   féroce

troupeau

Ton

OMÉGAPHONᴇ

Ceux qui revenaient de la mort
En attendaient une pareille
Et tout ce qui venait du nord
Allait obscurcir le soleil

Mais que voulez-vous
            c'est son sort
    Allô la truie

C'est quand sonnera le réveil
ALLÔ LA TRUIE
La sentinelle au long regard
La sentinelle au long regard
Et la cagnat s'appelait

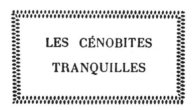

LES CÉNOBITES

TRANQUILLES

La sentinelle au long regard la sentinelle au large regard
            Allô la truie

Tant et tant de coquelicots
D'où tant de sang a-t-il coulé
Qu'est-ce qu'il se met dans le coco
Bon sang de bois il s'est saoulé

Et sans pinard et sans tacot
        Avec de l'eau
        Allô la truie

Le silence des phonographes
Mitrailleuses des cinémas
Tout l'échelon là-bas piaffe

Fleurs de feu des lueurs-frimas
Puisque le canon avait soif
        Allô la truie
Et les trajectoires cabrées
Trébuchements de soleils-nains
Sur tant de chansons déchirées

Il a l'Étoile du Benin
Mais du singe en boîtes carrées
Crois-tu qu'il y aura la guerre
        Allô la truie
    Ah! s'il vous plaît
    Ami l'Anglais
    Ah! qu'il est laid
Ton frère ton frère ton frère de lait

    Et je mangeais du pain de Gênes
En respirant leurs gaz lacrymogènes
    Mets du coton dans tes oreilles
        D'siré

Puis ce fut cette fleur sans nom
A peine un souffle un souvenir

Quand s'en allèrent les canons
Au tour des roues heure à courir
La baleine a d'autres fanons
Éclatements qui nous fanons

Mais mets du coton dans tes oreilles
Évidemment les fanions
    Des signaleurs
        Allô la truie

Ici la musique militaire joue
        Quelque chose
Et chacun se souvient d'une joue
        Rose
Parce que même les airs entraînants
Ont quelque chose de déchirant quand on les entend à la guerre

Écoute s'il pleut écoute s'il pleut

puis	sol	des	con	la
é	dats	Flan	fon	pluie
cou	a	dres	dez-	si
tez	veu	à	vous	ten
tom	gles	l'	a	dre
ber	per	a	vec	la
la	dus	go	l'	pluie
pluie	par	nie	ho	si
si	mi	sous	ri	dou
ten	les	la	zon	ce
dre	che	pluie	beaux	
et	vaux	fi	ê	
si	de	ne	tres	
dou	fri	la	in	
ce	se	pluie	vi	
	sous	si	si	
	la	ten	bles	
	lu	dre	sous	
	ne	et	la	
	li	si	pluie	
	qui	dou	fi	
	de	ce	ne	

Les longs boyaux où tu chemines
  Adieu les cagnats d'artilleurs
Tu retrouveras
La tranchée en première ligne
Les éléphants des pare-éclats
Une girouette maligne
Et les regards des guetteurs las

Qui veillent le silence insigne
  Ne vois-tu rien venir

                    au
                    Pé
                    ris
                    co
                    pe

La balle qui froisse le silence
Les projectiles d'artillerie qui glissent
            Comme un fleuve aérien
Ne mettez plus de coton dans les oreilles
            Ça n'en vaut plus la peine
Mais appelez donc Napoléon sur la tour
            Allô

Le petit geste du fantassin qui se gratte au cou
    où les totos le démangent
La vague
        Dans les caves
    Dans les caves

LA TÊTE ÉTOILÉE

Le départ

Et leurs visages étaient pâles
Et leurs sanglots s'étaient brisés

Comme la neige aux purs pétales
Ou bien tes mains sur mes baisers
Tombaient les feuilles automnales

Le vigneron champenois

Le régiment arrive
Le village est presque endormi dans la lumière parfumée
Un prêtre a le casque en tête
La bouteille champenoise est-elle ou non une artillerie
Les ceps de vigne comme l'hermine sur un écu
Bonjour soldats
Je les ai vus passer et repasser en courant
Bonjour soldats bouteilles champenoises où le sang
    fermente
Vous resterez quelques jours et puis remonterez en ligne
Échelonnés ainsi que sont les ceps de vigne
J'envoie mes bouteilles partout comme les obus d'une
    charmante artillerie

La nuit est blonde ô vin blond
Un vigneron chantait courbé dans sa vigne
Un vigneron sans bouche au fond de l'horizon
Un vigneron qui était lui-même la bouteille vivante
Un vigneron qui sait ce qu'est la guerre
Un vigneron champenois qui est un artilleur

C'est maintenant le soir et l'on joue à la mouche
Puis les soldats s'en iront là-haut
Où l'Artillerie débouche ses bouteilles crémantes
Allons Adieu messieurs tâchez de revenir
Mais nul ne sait ce qui peut advenir

Carte postale

Je t'écris de dessous la tente
Tandis que meurt ce jour d'été
Où floraison éblouissante
Dans le ciel à peine bleuté
Une canonnade éclatante
Se fane avant d'avoir été

Éventail des saveurs

Attols singuliers.
de brownings quel
goût
de viv
re Ah!

Des lacs versicolores
Dans les glaciers solaires

1 tout
petit
oiseau
qui n'a pas
de queue et
qui s'envole
quand on
lui en met
u · ne

Mes tapis de la saveur moussons des sons obscurs

et ta bouche au souffle

azur

ouis ouis le cri les pas le Pho
NOGRAPHE ouis ouis L'ALOÈS
éclater et le petit mirliton

Souvenirs

Deux lacs nègres
Entre une forêt
Et une chemise qui sèche

Bouche ouverte sur un harmonium
C'était une voix faite d'yeux
Tandis qu'il traîne de petites gens

Une toute petite vieille au nez pointu
J'admire la bouillotte d'émail bleu
Mais le rat pénètre dans le cadavre et y demeure

Un monsieur en bras de chemise
Se rase près de la fenêtre
En chantant un petit air qu'il ne sait pas très bien
Ça fait tout un opéra

Toi qui te tournes vers le roi
Est-ce que Dieu voudrait mourir encore

L'avenir

Soulevons la paille
Regardons la neige
Écrivons des lettres
Attendons des ordres

Fumons la pipe
En songeant à l'amour
Les gabions sont là
Regardons la rose

La fontaine n'a pas tari
Pas plus que l'or de la paille ne s'est terni
Regardons l'abeille
Et ne songeons pas à l'avenir

Regardons nos mains
Qui sont la neige
La rose et l'abeille
Ainsi que l'avenir

Un oiseau chante

Un oiseau chante ne sais où
C'est je crois ton âme qui veille
Parmi tous les soldats d'un sou
Et l'oiseau charme mon oreille

Écoute il chante tendrement
Je ne sais pas sur quelle branche
Et partout il va me charmant
Nuit et jour semaine et dimanche

Mais que dire de cet oiseau
Que dire des métamorphoses
De l'âme en chant dans l'arbrisseau
Du cœur en ciel du ciel en roses

L'oiseau des soldats c'est l'amour
Et mon amour c'est une fille
La rose est moins parfaite et pour
Moi seul l'oiseau bleu s'égosille

Oiseau bleu comme le cœur bleu
De mon amour au cœur céleste

Ton chant si doux répète-le
A la mitrailleuse funeste

Qui claque à l'horizon et puis
Sont-ce les astres que l'on sème
Ainsi vont les jours et les nuits
Amour bleu comme est le cœur même

Chevaux de frise

Pendant le blanc et nocturne novembre
Alors que les arbres déchiquetés par l'artillerie
Vieillissaient encore sous la neige
Et semblaient à peine des chevaux de frise
Entourés de vagues de fils de fer
Mon cœur renaissait comme un arbre au printemps
Un arbre fruitier sur lequel s'épanouissent
                    Les fleurs de l'amour

Pendant le blanc et nocturne novembre
Tandis que chantaient épouvantablement les obus
Et que les fleurs mortes de la terre exhalaient
                    Leurs mortelles odeurs
Moi je décrivais tous les jours mon amour à Madeleine
La neige met de pâles fleurs sur les arbres
        Et toisonne d'hermine les chevaux de frise
              Que l'on voit partout
                Abandonnés et sinistres
                  Chevaux muets
            Non chevaux barbes mais barbelés
              Et je les anime tout soudain
            En troupeau de jolis chevaux pies
        Qui vont vers toi comme de blanches vagues
              Sur la Méditerranée
              Et t'apportent mon amour

Roselys ô panthère ô colombes étoile bleue
                    O Madeleine
Je t'aime avec délices
Si je songe à tes yeux je songe aux sources fraîches
Si je pense à ta bouche les roses m'apparaissent
Si je songe à tes seins le Paraclet descend
                    O double colombe de ta poitrine
Et vient délier ma langue de poète
                    Pour te redire
                    Je t'aime
Ton visage est un bouquet de fleurs
        Aujourd'hui je te vois non Panthère
                    Mais Toutefleur
Et je te respire ô ma Toutefleur
Tous les lys montent en toi comme des cantiques d'amour
        et d'allégresse
Et ces chants qui s'envolent vers toi
                    M'emportent à ton côté
                    Dans ton bel Orient où les lys
Se changent en palmiers qui de leurs belles mains
Me font signe de venir
La fusée s'épanouit fleur nocturne
                    Quand il fait noir
Et elle retombe comme une pluie de larmes amoureuses
De larmes heureuses que la joie fait couler
        Et je t'aime comme tu m'aimes
                    Madeleine

Chant de l'honneur

Je me souviens ce soir de ce drame indien
Le Chariot d'Enfant un voleur y survient
Qui pense avant de faire un trou dans la muraille
Quelle forme il convient de donner à l'entaille
Afin que la beauté ne perde pas ses droits
Même au moment d'un crime
                          Et nous aurions je crois
A l'instant de périr nous poètes nous hommes
Un souci de même ordre à la guerre où nous sommes

Mais ici comme ailleurs je le sais la beauté
N'est la plupart du temps que la simplicité
Et combien j'en ai vu qui morts dans la tranchée
Étaient restés debout et la tête penchée
S'appuyant simplement contre le parapet

J'en vis quatre une fois qu'un même obus frappait
Ils restèrent longtemps ainsi morts et très crânes
Avec l'aspect penché de quatre tours pisanes

Depuis dix jours au fond d'un couloir trop étroit
Dans les éboulements et la boue et le froid

Parmi la chair qui souffre et dans la pourriture
Anxieux nous gardons la route de Tahure

J'ai plus que les trois cœurs des poulpes pour souffrir
Vos cœurs sont tous en moi je sens chaque blessure
O mes soldats souffrants ô blessés à mourir
Cette nuit est si belle où la balle roucoule
Tout un fleuve d'obus sur nos têtes s'écoule
Parfois une fusée illumine la nuit
C'est une fleur qui s'ouvre et puis s'évanouit
La terre se lamente et comme une marée
Monte le flot chantant dans mon abri de craie
Séjour de l'insomnie incertaine maison
De l'Alerte la Mort et la Démangeaison

LA TRANCHÉE

O jeunes gens je m'offre à vous comme une épouse
Mon amour est puissant j'aime jusqu'à la mort
Tapie au fond du sol je vous guette jalouse
Et mon corps n'est en tout qu'un long baiser qui mord

LES BALLES

De nos ruches d'acier sortons à tire-d'aile
Abeilles le butin qui sanglant emmielle
Les doux rayons d'un jour qui toujours renouvelle
Provient de ce jardin exquis l'humanité
Aux fleurs d'intelligence à parfum de beauté

LE POÈTE

Le Christ n'est donc venu qu'en vain parmi les hommes
Si des fleuves de sang limitent les royaumes

Et même de l'Amour on sait la cruauté
C'est pourquoi faut au moins penser à la Beauté
Seule chose ici-bas qui jamais n'est mauvaise
Elle porte cent noms dans la langue française
Grâce Vertu Courage Honneur et ce n'est là
Que la même Beauté

LA FRANCE

Poète honore-la
Souci de la Beauté non souci de la Gloire
Mais la Perfection n'est-ce pas la Victoire

LE POÈTE

O poètes des temps à venir ô chanteurs
Je chante la beauté de toutes nos douleurs
J'en ai saisi des traits mais vous saurez bien mieux
Donner un sens sublime aux gestes glorieux
Et fixer la grandeur de ces trépas pieux

L'un qui détend son corps en jetant des grenades
L'autre ardent à tirer nourrit les fusillades
L'autre les bras ballants porte des seaux de vin
Et le prêtre-soldat dit le secret divin

J'interprète pour tous la douceur des trois notes
Que lance un loriot canon quand tu sanglotes

Qui donc saura jamais que de fois j'ai pleuré
Ma génération sur ton trépas sacré

Prends mes vers ô ma France Avenir Multitude
Chantez ce que je chante un chant pur le prélude
Des chants sacrés que la beauté de notre temps
Saura vous inspirer plus purs plus éclatants
Que ceux que je m'efforce à moduler ce soir
En l'honneur de l'Honneur la beauté du Devoir

                                    17 décembre 1915.

Chef de section

Ma bouche aura des ardeurs de géhenne
Ma bouche te sera un enfer de douceur et de séduction
Les anges de ma bouche trôneront dans ton cœur
Les soldats de ma bouche te prendront d'assaut
Les prêtres de ma bouche encenseront ta beauté
Ton âme s'agitera comme une région pendant un trem-
    blement de terre
Tes yeux seront alors chargés de tout l'amour qui s'est
    amassé dans les regards de l'humanité depuis qu'elle
    existe
Ma bouche sera une armée contre toi une armée pleine
    de disparates
Variée comme un enchanteur qui sait varier ses méta-
    morphoses
L'orchestre et les chœurs de ma bouche te diront mon
    amour
Elle te le murmure de loin
Tandis que les yeux fixés sur la montre j'attends la minute
    prescrite pour l'assaut

Tristesse d'une étoile

Une belle Minerve est l'enfant de ma tête
Une étoile de sang me couronne à jamais
La raison est au fond et le ciel est au faîte
Du chef où dès longtemps Déesse tu t'armais

C'est pourquoi de mes maux ce n'était pas le pire
Ce trou presque mortel et qui s'est étoilé
Mais le secret malheur qui nourrit mon délire
Est bien plus grand qu'aucune âme ait jamais celé

Et je porte avec moi cette ardente souffrance
Comme le ver luisant tient son corps enflammé
Comme au cœur du soldat il palpite la France
Et comme au cœur du lys le pollen parfumé

La victoire

Un coq chante je rêve et les feuillards agitent
Leurs feuilles qui ressemblent à de pauvres marins

Ailés et tournoyants comme Icare le faux
Des aveugles gesticulant comme des fourmis
Se miraient sous la pluie aux reflets du trottoir

Leurs rires amassés en grappes de raisin

Ne sors plus de chez moi diamant qui parlais
Dors doucement tu es chez toi tout t'appartient
Mon lit ma lampe et mon casque troué

Regards précieux saphirs taillés aux environs de Saint-
   Claude
        Les jours étaient une pure émeraude

Je me souviens de toi ville des météores
Ils fleurissaient en l'air pendant ces nuits où rien ne dort
Jardins de la lumière où j'ai cueilli des bouquets

Tu dois en avoir assez de faire peur à ce ciel
        Qu'il garde son hoquet

On imagine difficilement
A quel point le succès rend les gens stupides et tranquilles

A l'institut des jeunes aveugles on a demandé
N'avez-vous point de jeune aveugle ailé

O bouches l'homme est à la recherche d'un nouveau lan-
gage
Auquel le grammairien d'aucune langue n'aura rien à dire

Et ces vieilles langues sont tellement près de mourir
Que c'est vraiment par habitude et manque d'audace
Qu'on les fait encore servir à la poésie

Mais elles sont comme des malades sans volonté
Ma foi les gens s'habitueraient vite au mutisme
La mimique suffit bien au cinéma

Mais entêtons-nous à parler
Remuons la langue
Lançons des postillons
On veut de nouveaux sons de nouveaux sons de nou-
veaux sons
On veut des consonnes sans voyelles
Des consonnes qui pètent sourdement
Imitez le son de la toupie
Laissez pétiller un son nasal et continu
Faites claquer votre langue
Servez-vous du bruit sourd de celui qui mange sans
civilité
Le raclement aspiré du crachement ferait aussi une belle
consonne

Les divers pets labiaux rendraient aussi vos discours
    claironnants
Habituez-vous à roter à volonté
Et quelle lettre grave comme un son de cloche
            A travers nos mémoires
Nous n'aimons pas assez la joie
De voir les belles choses neuves
O mon amie hâte-toi
Crains qu'un jour un train te t'émeuve
            Plus
Regarde-le plus vite pour toi
Ces chemins de fer qui circulent
Sortiront bientôt de la vie
Ils seront beaux et ridicules
Deux lampes brûlent devant moi
Comme deux femmes qui rient
Je courbe tristement la tête
Devant l'ardente moquerie
Ce rire se répand
Partout
Parlez avec les mains faites claquer vos doigts
Tapez-vous sur la joue comme sur un tambour
                O paroles
            Elles suivent dans la myrtaie
            L'Éros et l'Antéros en larmes
Je suis le ciel de la cité

                Écoutez la mer

La mer gémir au loin et crier toute seule
            Ma voix fidèle comme l'ombre
            Veut être enfin l'ombre de la vie
Veut être ô mer vivante infidèle comme toi

La mer qui a trahi des matelots sans nombre
Engloutit mes grands cris comme des dieux noyés
Et la mer au soleil ne supporte que l'ombre
Que jettent des oiseaux les ailes éployées

La parole est soudaine et c'est un Dieu qui tremble
Avance et soutiens-moi je regrette les mains
De ceux qui les tendaient et m'adoraient ensemble
Quelle oasis de bras m'accueillera demain
Connais-tu cette joie de voir des choses neuves

O voix je parle le langage de la mer
Et dans le port la nuit des dernières tavernes
Moi qui suis plus têtu que non l'hydre de Lerne

La rue où nagent mes deux mains
Aux doigts subtils fouillant la ville
S'en va mais qui sait si demain
La rue devenant immobile
Qui sait où serait mon chemin
Songe que les chemins de fer
Seront démodés et abandonnés dans peu de temps
Regarde

La Victoire avant tout sera
De bien voir au loin
De tout voir
De près
Et que tout ait un nom nouveau

La jolie rousse

Me voici devant tous un homme plein de sens
Connaissant la vie et de la mort ce qu'un vivant peut
   connaître
Ayant éprouvé les douleurs et les joies de l'amour
Ayant su quelquefois imposer ses idées
Connaissant plusieurs langages
Ayant pas mal voyagé
Ayant vu la guerre dans l'Artillerie et l'Infanterie
Blessé à la tête trépané sous le chloroforme
Ayant perdu ses meilleurs amis dans l'effroyable
   lutte
Je sais d'ancien et de nouveau autant qu'un homme seul
   pourrait des deux savoir
Et sans m'inquiéter aujourd'hui de cette guerre
Entre nous et pour nous mes amis
Je juge cette longue querelle de la tradition et de l'in-
   vention
         De l'Ordre et de l'Aventure

Vous dont la bouche est faite à l'image de celle de Dieu
Bouche qui est l'ordre même
Soyez indulgents quand vous nous comparez
A ceux qui furent la perfection de l'ordre
Nous qui quêtons partout l'aventure

Nous ne sommes pas vos ennemis
Nous voulons vous donner de vastes et d'étranges
	domaines
Où le mystère en fleurs s'offre à qui veut le cueillir
Il y a là des feux nouveaux des couleurs jamais vues
Mille phantasmes impondérables
Auxquels il faut donner de la réalité

Nous voulons explorer la bonté contrée énorme où tout
	se tait
Il y a aussi le temps qu'on peut chasser ou faire revenir
Pitié pour nous qui combattons toujours aux frontières
De l'illimité et de l'avenir
Pitié pour nos erreurs pitié pour nos péchés

Voici que vient l'été la saison violente
Et ma jeunesse est morte ainsi que le printemps
O Soleil c'est le temps de la Raison ardente
			Et j'attends
Pour la suivre toujours la forme noble et douce
Qu'elle prend afin que je l'aime seulement
Elle vient et m'attire ainsi qu'un fer l'aimant
			Elle a l'aspect charmant
			D'une adorable rousse

Ses cheveux sont d'or on dirait
Un bel éclair qui durerait
Ou ces flammes qui se pavanent
Dans les roses-thé qui se fanent

Mais riez riez de moi
Hommes de partout surtout gens d'ici
Car il y a tant de choses que je n'ose vous dire
Tant de choses que vous ne me laisseriez pas dire
Ayez pitié de moi

ONDES

ÉTENDARDS

CASE D'ARMONS

DU MÊME AUTEUR

Dans la même collection

ALCOOLS suivi de LE BESTIAIRE illustré par Raoul Dufy et de VITAM IMPENDERE AMORI.

POÈMES À LOU précédé de IL Y A. *Préface de Michel Décaudin.*

LE GUETTEUR MÉLANCOLIQUE suivi de POÈMES RETROUVÉS. *Notice de Michel Décaudin.*

L'ENCHANTEUR POURRISSANT suivi de LES MAMELLES DE TIRÉSIAS et de COULEUR DU TEMPS. *Édition présentée et établie par Michel Décaudin.*

LE POÈTE ASSASSINÉ. *Édition présentée et établie par Michel Décaudin.*

Ce volume,
le quatrième de la collection Poésie,
a été achevé d'imprimer sur les presses
de l'imprimerie Bussière à Saint-Amand (Cher),
le 2 mars 2000.
Dépôt légal : mars 2000.
1er dépôt légal dans la collection : mai 1966.
Numéro d'imprimeur : 662.

ISBN 2-07-030008-0./Imprimé en France.

95288